1万人を見てわかった

起業して食える人食えない人

松尾昭仁
MATSUO AKIHITO

日本実業出版社

はじめに

「ストレスがない仕事をしたい」
「嫌いな上司の下で働くのはもううんざりだ」
「せっかくとった資格を活かして、独立したい」
「起業をして、お金持ちになりたい」

本書を手に取った人は、こんな願望をもっているのではないでしょうか。実際、起業して成功している人は、自分のやりたいことを仕事にし、金銭的にも恵まれているように見えます。

でも、ちょっと待ってください。

出端をくじくようで心苦しいのですが、独立して成功して食べていくのはそう簡単ではありません。多くの人が起業して成功しようと努力しますが、その大半は夢の途中で挫折する結果となります。

私は「起業コンサルタント」「セミナー講師」として、これまで1万人を超える起業家および起業家予備軍の人たちとお会いしてきました。誰よりも多く見てきたつもりです。

そのなかには、当然、成功している人もいますが、一方でうまくいかない人も少なくありません。

起業はしたものの貧乏ヒマなしの生活を送っている人もいれば、食べていくために再就職してサラリーマンに戻る人、アルバイトで食いつなぐ人もいます。結局、起業することさえかなわず、道半ばであきらめてしまう人もいます。

現実を言えば、起業して成功できる人は限られています。

『中小企業白書』によると、個人で事業を興しても、約40％が1年未満で脱落、3年目を超えて5年後まで継続できるのは約25％、そして10年後まで生き残っている人は10％という現実があります。

これは2006年のデータで少々古いですが、その後に起きたリーマンショックやデフレ経済の長期化といった状況を考慮すれば、この数字が大きく改善したとは考えにくい。

私の現場での肌感覚からいっても、妥当な数字だと思います、そう、**起業は決して甘くないのです。**

では、起業してしっかりと食べていけている人と、起業に失敗している人とでは、どこに差があるのでしょうか。

もちろん起業する業界・業種、時流、戦略、商材・サービス、個人の能力などさまざまな要因が考えられますが、**起業がうまくいかない最大の理由は、サラリーマン時代の思考と行動原理を引きずったまま行動してしまうことにある**ように思います。

「サラリーマン体質」のままでは、どんなにすばらしいアイデアや戦略をもっていたとしても、なかなか成功しないのです。

起業で成功するには、「起業家の思考と行動原則」を身につけることが必要不可欠です。これまで数々の成功した起業家を見てきましたが、そのほとんどに「起業家体質」が備わっていました。

そういう人は、放っておいてもせっせと行動し、自分で稼げるようになっていきます。

サラリーマンの延長線上で起業をすると、痛い目にあう結果となります。サラリーマン体質が抜けきらない人には、たとえ自分のクライアントであっても、「今は起業しないほうがいいですよ」とはっきりとアドバイスします。

会社を辞めて起業したものの、いつまでたっても仕事の依頼が来ない……。そんな事例を数えきれないくらい、この目で見てきたからです。

本書では、私が見てきたケーススタディをベースに、**起業に成功する人が必ずやっていること、やらないことを示し、起業家体質の人の思考や行動のパターンを解き明かしていきます。**

起業を目指している人はもちろん、起業したけれどなかなかビジネスが軌道に乗らない人は、自分が起業に向いているかどうか、ぜひ本書を読んでチェックしてください。成功する起業家とは逆の考え方、行動が多いようなら、ひとつずつ改善していってみてください。そうすることで、確実に起業家にふさわしい思考と行動ができるようになっていくはずです。

起業にはリスクがともないますが、その代わり成功すれば大きなリターンを得られます。金銭的報酬、自己実現、セミリタイア、社会貢献……起業のゴールは人それぞれですが、起業で成功している人は、みなイキイキと楽しく毎日を送っています。
ぜひ本書から起業に必要なマインドと行動法則を学び、成功者への道を歩んでください！

松尾　昭仁

2016年5月

※最近ではジェンダーバイアスの視点から会社勤めの人々を、「会社員」や「ビジネスパーソン」と表記することが多いのですが、「起業家」との対比を明確にするために、本書では女性会社員を含め「サラリーマン」と表記します。

起業して食える人・食えない人●目次

第2章 「起業して食える人の「お金の使い方」」

第3章 「起業して食える人の「時間の使い方」」

第4章「起業して食える人の「勉強法」」

第5章 「起業して食える人の「働き方」」

第6章

「起業して食える人の「人との関わり方」」

装丁／吉村朋子
カバーイラスト／高田真弓
編集協力／高橋一喜
本文DTP／㈲一企画

第1章

起業して食える人の「思考法」

1

食える人は「常に抜け道を探し、近道を歩く」

食えない人は「渡された地図どおりに歩く」

起業してもうまくいかない人は、地図をもらったら、その道順どおりに歩きます。車を運転していても、ナビの言うとおりに運転する。そのとおりに道をたどれば、必ず目的地に到着しますし、何も考えなくていいのでラクです。

日常生活ではそれでもいいでしょうが、起業においては誰かの言うとおりに動くのは、失敗のもとです。

起業で成功する人は、地図を渡されても、その道順どおりには行きません。ナビの指示にも「本当にこれが一番近いルートなのか？」と疑ってかかり、近道や抜け道を探そうとします。

道路が渋滞しているときに、ナビの指示する道からそれて抜け道を探そうとする人は起業家に向いています。

もちろん、抜け道を探した結果、道に迷ってしまい、渋滞の列に並んでいたほうが結果として早く到着することもあります。

でも、**3回に1回でも、5回に1回でも近道を見つけることができて、早く到着できればよしとする。**そうすれば、次回、同じ道で渋滞に巻き込まれたときに近道を選ぶことができます。

ユニクロの創業者である柳井正さんも『一勝九敗』（新潮社）という本を書いているように、新しいビジネスは失敗するのが当たり前。うまくいくことのほうがめずらしいのです。それでも、失敗を恐れずにリスクをとるから、大きなリターンを得ることができるのです。

多くの人は、抜け道を探すのはリスクが高いが、渋滞している道は時間がかかっても確実に着く、という判断をします。

この発想のまま起業をしようと思うと、うまくいかなかったときのリスクばかり考えて、思考停止に陥ってしまいます。

サラリーマンに関しては、立場的に少しややこしく、言われたとおりにやらずに、抜け道ばかり探していれば上司に疎まれ、評価も上がらないでしょう。上司の顔を立てることは、社内でうまくやっていく処世術です。

しかし、**サラリーマンでも起業に向いている人は、上司の言われたとおりにやる一方で、自分なりに考えて新たな提案をします。**

たとえば、「こんな報告書をつくって」と上司に言われたら、指示どおりに報告書をつくると同時に、「こんな資料も用意してみました。よろしければ目を通してください」と、言われた仕事をこなすだけでなく、自分なりの工夫をプラスする。

ダメな上司であれば「余計なことをするな」と叱責されてしまうかもしれませんが、たいていの上司であれば「気が利くじゃないか」と喜んでくれるはずです。

ポイント

失敗するリスクをとれる人が大きなリターンを得る

2

食える人は「You（あなた）を主語にする」
食えない人は「I（私）を主語にする」

誰かと一緒にランチに行くことになったとき、どうやって店を決めますか？

「僕はラーメンがいいです」

「私はお寿司が食べたい気分です」

このように相手の希望を聞く前に自分の食べたいものを主張してしまう人は、起業してもうまくいかないようです。

このタイプの人は、あらゆる場面で主語が「I（私は～）」になりがちです。「私はこれがしたい」『僕はこれがほしい」などと主張する人は、自分にばかり関心が向き、相手への興味が薄い傾向があります。

起業は、お客様がほしいものを提供できなければ、絶対にうまくいきません。自社の商品やサービスに自信をもっていて「これはすばらしい商品です！」と力説しても、相手が欲していなければ、単なる押し売りです。一度は強引に売ることができても、決してリピーターにはなってくれないでしょう。

一方、**起業で成功する人は、主語を「Ｙｏｕ（あなたが～）」にして話します。**

誰かとランチに行くことになれば、まず相手の希望を聞きます。

「○○さん、今日は何を食べたい気分ですか？」
「二日酔い気味だから、重くないものがいいかな」
「では、蕎麦などはどうですか？」
「いいですね！　胃にもやさしいし」

このようにあらゆる場面で、相手の希望やニーズをつかんだうえで、それに沿った対応ができる習慣が身についていると、起業でもお客様のニーズに合わせた商品・サービスを提供することができ、ビジネスも軌道に乗っていきます。

ある起業家は、当初プロスポーツ出身という経歴を活かして、筋力トレーニングのノウハウを提供していました。自分の肉体美に自信をもっていたので、「自分と同じようなムキムキの体になりたい人に向けてノウハウを伝えたい」と思っていたのです。ところが、なかなかお客様が集まらず、悩んでいました。

そんなとき、あるお客様から、「トレーニングを始めてから体重が減った」という話を聞き、「筋力をつけながらダイエットができるプログラムを提供したらどうだろう」というアイデアが浮かびます。

すると、ダイエットをしたい女性や中年太りで悩んでいる男性から応募が殺到。たちまち事業は軌道に乗りました。

主語を「Ｉ」から「Ｙｏｕ」に変換することで、ビジネスはうまくまわり出すのです。

ポイント

お客様や他人の目線を身につける

3

食える人は「行列を疑う」
食えない人は「行列に並ぶ」

「行列ができているお店はおいしいに違いない」

大半の人はこう思い込んでいるかもしれません。

でも、よく考えてみてください。おいしいお店も多いと思いますが、自分はまだ食べていないのだから、本当においしいかどうかは判断できません。

しかも、実際に時間をかけて並んでしまうと、あまり好みの味ではなくても、「さすが、並ぶだけの価値があった」と自分に言い聞かせてしまうものです。

行列を見ただけで「おいしいに違いない」と安易に判断し、自らも並んでしまうような人は起業には向いていません。経営者の視点に欠けるからです。

起業で成功する人は、こうした行列を見て、なぜ行列ができているのかを考え、自分のビジネスに応用できないか探ります。

たとえば、わざと行列をつくって話題づくりをしているのではないかと疑います。つまり、経営戦略としてわざと行列を演出しているのではないか、と考えるわけです。

実際、ある人気シュークリーム店は、シューをゆっくり生地に入れてわざわざ時間を稼いで行列をつくっていたと言われています。

また、賢いラーメン店はあえて8つしか席をつくらずに、あふれたお客様にはお店の外に並んでもらう。すると、その行列を見てどんどん人が並ぶ。本当はもっと大きな店舗に移って座席数を増やすことができるのに、ずっと8席に抑えていたといいます。そのほうが、行列が行列を呼び、結果的に儲かるからです。

しかし、うまくいかないラーメン店は、行列ができるほど繁盛してきたからといって調子に乗って店舗を大きくしてしまう。そうすると、行列ができにくいから、たちまち人気が落ちてしまいます。**本当に飲食店の経営者としてうまくいく人は、店舗は大きくせずに、**

行列ができる小さな店舗をたくさんつくるのです。

もうひとつ例を紹介しましょう。

以前、アメリカのクリスピー・クリーム・ドーナツというドーナツ店が日本に進出したばかりの頃、新宿の店舗に長蛇の列ができて話題になりました。

その行列を見て、「おいしいに違いない」とさらに多くの人が並んだわけですが、同店の戦略がすぐれていたのは、行列に並んでいるお客様にサービスで試食用のドーナツをまるまる1個配ったこと。

なかにはそのサービスを受けたいから並ぶ人も出てきて、さらに行列は長くなっていきました。

いよいよレジ前にたどりつくと、たいていのお客様は「せっかく1時間も並んだのだから」と、2000~3000円分のドーナツを箱買いしていきます。ドーナツ1個の原価は数十円ほどでしょうから、サービスでドーナツ1個を配っても痛くもかゆくもありません。

このように**行列を分析していくと、自分のビジネスの参考になるアイデアやヒントがた**

くさんあります。

そのため、冒頭で安易に行列に並ぶ人は起業に向いていないと述べましたが、成功している起業家は、意外に自ら並んでいることもあります。プライベートで行列に並ぶことは時間のムダだと考えていても、あえて行列に並んで、商品やサービスを体験してみるのです。

そこから、ビジネスのしくみやお客様の心理を分析していき、なぜ流行っているのか仮説を立てる。いわゆる市場調査をするわけです。

このような経営者の視点をもって、行列や流行を見ることが起業家には必要不可欠なのです。

ポイント

「行列」を見たらビジネスのアイデアだと思う

4

食える人は「右向け『左』ができる」

食えない人は「右向け『右』をする」

成功者はいつも少数派（マイノリティー）の選択をします。そのほうが、ライバルが少なくて、成功しやすいと理解しているからです。

実業家のホリエモンこと堀江貴文さんは、こんなことを言っています。

「頭のいいやつは、起業したらラッキーだ」

彼は、東京大学出身（中退）ですが、一般的に東大生の多くは、卒業後に官僚や銀行、商社など大企業に就職していきます。

しかし、彼は東大を途中で退学し、起業家として次々と事業を立ち上げて、ライブドアという会社を大きくしていきます。その後、証券取引法違反で逮捕されてしまいますが、それまでは時代の寵児ともてはやされました。

堀江貴文さんが優秀な起業家かどうかは別として、日本では頭がいい優秀な学生から官僚や大企業に就職していき、起業しようという人はほとんどいません。だから、東大出身のクレバーな人にとっては、起業のフィールドは成功しやすいと言えるのです。

同じく東大出身で大成功している起業家に、Kさんがいます。これまでにさまざまなビジネスを立ち上げて億万長者になった方ですが、起業当初、彼は行政書士の資格を活かして仕事をしていました。

Kさんは当時、こんなことを言っていました。

「本当に頭がいい人はみんな弁護士になりたがるし、東大卒の優秀な弁護士はたくさんいる。でも、行政書士の世界は、東大卒がほとんどいないから、ライバルを一網打尽にできる。しかも、マーケティングが弱い行政書士の業界では、少しの工夫で抜きん出ることもできる」

そうして彼は、資格をとっても食えていない行政書士１００人ほどをネットワーク化して、弁護士以上にお金を稼げるしくみをつくりあげました。

起業がうまくいかない人は、右向け右が当たり前。まわりが官僚になるから、自分も官僚を目指す。まわりが弁護士になるから、弁護士を目指す。

しかし、起業で成功する人は、まわりの人が官僚になるのを見て、あえて起業を目指す。まわりの人が弁護士になるのを見て、あえて行政書士を目指す。このように**右向け右と言われたときに、１人だけ左を向くことができる人が、起業家として成功していく**のです。

「一蘭」というラーメン店をご存知でしょうか。

初めて一蘭のラーメンを食べたときは本当に驚きました。味にではなく、その店内の座席に衝撃を受けたのです。

「味集中カウンター」と名づけられた席は、隣のお客様と仕切られているだけでなく、厨房も見えないつくりになっています。ちょっとした個室でラーメンを食べるという感覚です。

普通、食事というのは、みんなでワイワイ会話を楽しみながら食べるというのが常識でしたが、一蘭はあえて一人ひとりの席に仕切りを設けました。そうすることによって、ラーメンの味に集中できますし、他人に食べているところを見られたくないといった人のニーズや、ラーメン店に1人では入店しにくいという女性のニーズをがっちりとつかむことができたのです。

最近増えている1人カラオケや1人焼肉、1人鍋といった業態も同じく「右向け左」の発想と言えるでしょう。

他人と同じことをすることに安心してしまう人は、起業してもうまくいきません。誰もが思いつくようなビジネスしかできないからです。

起業で成功したいなら、「右向け左」の発想をもつことが大切です。

ポイント

ライバルの少ない市場を選べば一網打尽にできる

5

食える人は「直感で答えを出して行動する」
食えない人は「理詰めで物事を決めようとする」

税理士法人の経営者に聞いた話です。

業務拡大の一環として、ある新興国への海外進出を模索していたときのこと。経営者は京都大学出身の会計士を呼んで、「この国に進出したいと思っている。そこで、キミが下調べをしてくれないか」と頼んだそうです。

1か月ほど経ってから、会計士は報告書と大量の資料を示して、「こんなにたくさんリスクがあります」と海外進出をしないほうがいい理由をいくつも並べ立てたそうです。

その経営者は、「小利口な人間に時間を与えると、できない理由を理詰めで考えてくる」と嘆いていました。

何か新しいことを始めようとするとき、理詰めで考えると、どうしてもリスクばかりに目が向いてしまいます。

リスクがあるのは当然です。新規事業にしても、起業にしても新しいことは誰もやったことがないわけですから。リスクがあるからこそ、参入障壁が高く、ビジネスチャンスも大きいのです。

ソフトバンクがプロバイダー事業に新規参入する際、パソコンをインターネットに接続するためのモデムを道行く人に無料で配っていたことがありました。

通信事業に将来性があるとはいえ、理詰めで考えれば、無料でモデムを配るのは「リスクだらけ」という結論になっていたでしょう。でも、そうしたリスクをすべて受け止めたうえでやりきったからこそ、ソフトバンクは通信事業に参入し、莫大な利益を上げることに成功したのです。

うまくいかない起業家は、判断を先延ばしにする傾向があります。だから、リスクばかりが気になってしまいます。

たとえば、司法書士資格の合格率は数%です。いわゆる難関資格なので、考えれば考えるほど、「一生懸命勉強して受からなかったらどうしよう」とリスクのほうを考えてしまいます。

しかし、成功する起業家は、逆の発想をします。

「難関資格といっても、毎年800人近くは受かっているわけでしょう。記念受験の人や本気で勉強していない人も多いだろうから、死ぬ気でやればなんとかなるはず」

そして、次の日から早速勉強を始めます。このように**直感で判断できる人は、リスクよりもリターンや可能性に着目するので、行動も早いし、結果も出やすい**のです。

ただし直感は、いわゆる「山勘」ではいけません。「自分で判断して、行動に移す」ことを繰り返すことによって、「こうすればうまくいく」「こういうときはうまくいかない」という経験値を得ることができます。

そうした**経験に裏付けされた直感は、当然、精度も高くなります。**

これから起業しようという人は、他人から言われたとおりに行動するのではなく、**自分の頭で判断して、すばやく行動することを心がけることが大切**です。そうした習慣が身につけば、直感で正しい答えを出せるようになります。

ポイント

時間をかけるほどリスクが気になる

6

食える人は「満員電車に乗らない方法を考える」

食えない人は「当たり前のように満員電車に乗る」

サラリーマンの多くは、「仕事に行くのだから満員電車に乗るのはしかたがない」と考えているかもしれません。しかし、通勤自体は仕事ではなく単なる移動。お金を生み出しません。

満員電車に乗るだけで体力を奪われますし、まわりの乗客もイライラしていて負のパワーが充満しているので、ストレスもたまります。

満員電車に1時間も2時間も揺られていれば、会社に着くころには体力的にも精神的にも疲弊します。これではいい仕事などできるはずがありません。

起業で成功する人は、**仕事に専念できる環境を自らつくり出そうとします。**

ある有名なベンチャー起業家は、「どうせ会社でガンガン働くなら、会社で寝泊まりすればいい」と言っていました。さすがにこれは無理かもしれませんが、会社の近くのマンションやアパートに引っ越すことは現実的に可能です。

少々家賃が高くなったとしても、通勤電車による時間のロスやストレスを避けられるのであれば、むしろ費用対効果は高いと言えます。

実家暮らしをしている若者や、すでに郊外に家を買ってしまった人であれば、自宅とは別に、会社近くの格安アパートを借りることもできます。仕事に専念したいときは、そこで寝泊まりすればいい。寝るだけのスペースを確保するのが目的なら、都心でも家賃3万円前後のアパートは見つかります。

「職住近接」が無理なら、早く起きて始発に乗るという手もあります。

そうすれば、満員電車に詰め込まれることなく、座って、あるいは悠々と出社することができます。移動時間に本や資料を読んだり、メールに返信したりと充実した時間を過ごすことも可能です。

私が知っている一流の起業家の中には、東京の品川に住んでいる人が多いように感じます。品川は交通の便がよく、新幹線に乗るにも、羽田空港から飛行機に乗るにも時間のロスが少ないからです。

ベストセラー著者がたくさん集まるパーティーに参加したとき、23時半くらいにお開きになりました。会場は品川だったのですが、外に出ると、みな一斉にタクシーをつかまえて乗り込んでいく。要は、品川から気軽にタクシーで帰れる場所に住んでいるのです。

起業で成功するには、差別化が必要です。他の人と同じことをやっていても、その他大勢として認識されてしまいます。**成功したければ、みんなと同じことをする横並びの発想は捨てるべき**です。

満員電車は横並び意識の象徴です。「誰もが大変なのだからガマンするしかない」と満員電車に乗り続ける人は、仕事においても横並びでいることに満足してしまいます。

毎日満員電車に揺られてイライラしているくらいなら、まずはそれを避ける方法を考えることからスタートする必要があるのです。

ポイント **仕事に専念できる方法を考える**

7

食える人は「できないことは切り捨てる」

食えない人は「平均点を上げようとする」

サラリーマン体質の人は、学校の勉強と一緒で仕事の平均点を上げようとします。特に大企業では、なんでもこなせるゼネラリストが求められるので、社員も専門的な技術を身につける前に異動になってしまいます。

そういう人が起業すると、営業も経理も、企画もホームページ制作もすべて自分ひとりでやろうとし、苦手なことを克服しようとします。

起業家の仕事は稼ぐことです。だから、**苦手な仕事に時間をかけているヒマはありません。**得意なことに注力する必要があります。

したがって、起業で成功する人は、得意でないことは外注に出したり、ビジネスパートナーに任せてしまいます。社員を雇っているなら社員に仕事をふります。数字は苦手だけど、営業が得意なのであれば、経理は優秀な人を雇ったり、税理士に外注したりする。その分、ガンガン営業する時間にあてたほうが、効率的に稼ぐことができます。

会社であっても、売上の半分を稼いでいるような優秀な営業マンに、「キミは優秀だから、経理も担当してくれ」とは言いません。どんどん稼いでくれと言って、部下やアシスタントをつけるのが普通でしょう。

「外注したり人を雇ったりするのは、お金がもったいない」と考える人もいますが、成功する起業家は、「苦手なことにかけている時間のほうがもったいない」という発想をするのです。

有名起業家の著者の多くは、本を書いている時間がもったいないからといって、ライターを使い本にしたい内容を取材してもらい、原稿を仕上げています。

自分で原稿を書こうと思えば、本業をやりながらなので2~3か月はかかるでしょう。文章を書くのに慣れていない人であれば、半年や1年かかることもあります。印税がもらえるといっても、売れずに初版で終わってしまえば数十万円程度しか入ってきません。時間の投資対効果は悪いと言わざるを得ません。

しかし、伝えるべきコンテンツさえあれば、ライターに書いてもらったほうが、速く、読みやすい原稿に仕上がります。何よりも貴重な時間とエネルギーを本業に注ぐことができます。

また、私の会社は起業してすぐに顧問弁護士を雇うことにしました。社員数人の小さな会社では珍しいことだと思いますが、万一トラブルになったときのことを考えれば、自分たちで対応するよりも、専門家に相談でき、適切な対応をしてもらえるメリットは大きいのです。

仮にトラブルが発生して、その対処に経営者自身が忙殺されるようでは、会社の行く末は危うくなります。**どこに自分の時間を使うのかを常に考えている**のが、起業で成功する人なのです。

ポイント **苦手なことはできる人にやってもらう**

8

食える人は「コネは実力のうちだと思う」

食えない人は「実力があれば成功すると思う」

実力がなければ、起業家として成功するのは難しいですが、それだけで成功はできません。

「実力で勝負します」と意気込む起業家予備軍の方とよく会いますが、**どんなに力があっても、その実力に気づいてもらわなければ発揮する場がありません。**

たとえば、又吉直樹さんが正体を明かさずにペンネームで『火花』という作品を発表していたら、現在のようなミリオンセラーになっていたでしょうか。作品は素晴らしいのでそれなりに売れるとは思いますが、２００万部を超えるほどの売れ行きにはなっていなかったかもしれません。

私が主宰する「ビジネス著者養成スクール」では、出版企画書の作成をサポートするだけでなく、最終日にオーディションを行います。著者の卵であるスクール生が編集者の方々の前で出版企画のプレゼンをするのです。

「ぜひうちで出版したい」「この著者候補に興味がある」という場合には、編集者に札《ふだ》を挙げてもらい、いよいよ出版に向けて動き出します。こうして出版を果たしたスクール生は50人を超えています。

著者スクールに参加する最大のメリットは、集まってもらった20人を超える編集者と接点がもてる点にあります。

したがって、魅力的な企画に仕上げることができれば、出版の可能性は大きく広がります。実際、10を超える出版社から「うちで本を出さないか」「もう少し話を聞きたい」と声をかけられるスクール生も少なくありません。

しかし、いくら実力があって、魅力的なコンテンツの本を執筆できるポテンシャルをもっていたとしても、自分の力でイチから出版を実現するのは簡単ではありません。

出版社には数多くの企画書や原稿が持ち込まれますが、実際に出版にこぎつけられるのは、ほんのひとにぎり、1％に満たないほどです。持ち込み原稿は一切受けつけないという出版社もあります。

起業では実力ももちろん大事ですが、それ以上にコネが大きな力になります。実力があってもお客様の目にとまらなければ、指名されることはありません。

ですから、「実力とコネ、どちらが重要ですか？」と問われれば、私は自信をもって「コネ・ファースト」と答えます。

とはいっても、決して実力を軽視するわけではありません。「コネがあるからこそきちんと実力を評価してもらえる」とお伝えしたいのです。

そういう意味では、現在お付き合いのあるお客様やビジネスパートナーを大事にすることが不可欠です。

まわりの人に評価してもらえる仕事をしていれば、新しいお客様やキーマンを紹介してもらえるなど、実力を発揮するためのコネクションが自然と広がっていくはずです。

ポイント

「コネ」がないと「実力」を評価してもらえない

9

食える人は「高学歴だったことを忘れている」

食えない人は「高学歴を自慢する」

あるテレビコメンテーターの経歴詐称が世間を騒がせました。アメリカの有名大学卒業やMBAの取得がウソだったのです。

日本人は学歴を重視する傾向があるため、そのコメンテーターを信用して、番組などに起用してしまったのでしょう。

しかし、成功している起業家のなかに、高学歴を売りにする人はほとんどいません。

彼らは「今」を生きていて、「過去」のことは気にしないからです。

大学の偏差値というのは18歳から20歳時点での評価なので、当時偏差値が高かった人が10年後も20年後も優秀とはかぎりません。

これまで数多くの起業家を見てきましたが、学歴は高卒でも起業家として成功している人もいますし、反対に偏差値が高い一流大学を卒業しているにもかかわらず、起業に失敗している人もたくさん知っています。

ビジネスでうまくいくかどうかに学歴はあまり関係ないのです。

「偏差値の高い学校を出ているから」というだけで仕事を頼もうということはまずありません。

起業家は「成果を出せる人かどうか」を見られているのです。

先のコメンテーターの場合も、学歴はもとよりそのルックスや美声などのタレント性が評価されていたのだと思います。

もうひとつ事実を言えば、矛盾するようですが、うまくいっている起業家には、高学歴の人が少なくありません。

しかし、それは「結果的に高学歴」だったというだけで、あとで知ることがほとんどです。そういう人にかぎって、プロフィールに学歴を記していないこともあります。学歴が起業の成功に関係しないことをよく理解しているのでしょう。

反対に、いつまでも過去の学歴にこだわり、自慢しているような人は、起業してもそのうち表舞台から消えていきます。

起業してうまくいくのは、**たとえ自分が高学歴であっても成功している人から貪欲に学ぼうという姿勢がある人**です。

私の著者スクールの生徒に、有名大学出身で、大手銀行から独立して不動産コンサルタントとして起業した人がいます。

彼は銀行マンとしても優秀だったのですが、起業した今、年収は5倍になり、書籍も7冊出版しています。

彼は能力が高く、経歴もピカピカなのに、**他人の言うことを「はい、はい」と素直に聞き入れて、すぐに実行に移します。**内心どう思っているかはわかりませんが、学ぼうという姿勢が誰よりもすぐれています。

一方、うまくいかない起業家は、相手を学歴や経歴で判断します。

「相手は自分より下だ」と。口には出さなくても、態度や振る舞いを見ていれば感じるものです。

そういう人はプライドが高いので、人がいくら助言やアドバイスをしても、素直に受け取らないのです。

「でも……」とか「そうは言っても……」という言葉が口癖になっていて、いつまでたっても行動を起こしません。

その点、起業で成功する人は、相手が自分より低い学歴であっても、あるいは年齢が若くても、ある部分について自分よりすぐれているとわかれば、素直に聞き入れて行動に移します。優秀で、なおかつ行動力があるので、すぐに成功するのです。

ポイント

あらゆる人から学ぼうとする

10

食える人は「教えることをありがたいと思っている」

食えない人は「教えてあげるという態度をとる」

「誰かに何かを教える」という場面を観察していると、その人が起業に向いているかどうかがわかります。

起業してもうまくいかない人は、他人に対して「教えてあげた」「教えてあげる」という態度をとります。分け与える精神が乏しいのでしょう。

一方で、起業で成功する人は、分け与える精神が豊富で、「教える」機会をもてたことをありがたいと考えます。

なぜ、教えることをありがたいと思うのか。理由は2つあります。

ひとつは、**教えることが学びになる**からです。

大学生になって遊んでばかりいると、受験勉強で学んだことのほとんどを忘れてしまいますが、家庭教師や塾講師のアルバイトをしている大学生は、忘れないどころか知識に対する理解が深まっていくといいます。

人に教えることで、自分の知識やノウハウのメンテナンスができるわけです。

仕事でも一緒で、部下や同僚に惜しげもなく知識やノウハウを披露し、教えようとする人は、教えるためにさらに学び、進化していきます。

もうひとつの理由は、**教えることによって自分のコピーをつくることができる**からです。

うまくいかない人は、自分の知識やノウハウを教えると相手に追い抜かれると不安に感じ、出し惜しみします。教えることで自分が損すると思い込んでいるのです。

しかし、起業でうまくいく人は、自分の知識やノウハウを教えれば、部下や周りの人も自分と同じレベルの仕事ができるようになって、自分の代わりに仕事をしてくれる。そうすれば、結果的に自分が楽になるし、自分の得意な仕事や経営者としてやるべき仕事に注力できると考えます。

初めて本を執筆する人に、よくこんな相談をされます。

「僕のノウハウをすべて書いてしまったら、読者に真似をされて、自分の仕事に影響がないかと心配です」

せっかく本を出版する機会があるのなら、すべてを出し切る、教え切るつもりで書かないと、読者は感心、納得してくれません。

出し惜しみしていることが透けて見えると、「肝心のところは出さないんだな。この人は、この程度か」とかえって評判を落としかねません。ブランディング上もデメリットが多いのです。**むしろ出し切ったほうが、「この人はすごい」と信頼され、仕事も増えていくものです。**

もっと言えば、すべてのノウハウを出し切っても、そのまま真似できる人はいません。それが貴重なノウハウであれば、教えた側を超えることなどできないのです。

うまくいかない起業家は、コアとなるコンテンツを教えたがりませんが、そういうノウハウにかぎって、たいしたことがないのです。

ポイント

ノウハウを出し惜しむメリットはない

11

食える人は「ルールはつくった側が有利だと知っている」
食えない人は「ルールは平等だと思っている」

成功する起業家とそうでない起業家を決定的に分けるのが、「ルールをつくれるかどうか」という点にあります。

当たり前ですが、**新しいルールをつくる人は、自分が有利になるようにつくります。**日本という国は、なんだかんだ言って国家公務員である官僚が牛耳っていますが、日本の国のルールを決めているのはその官僚です。

国会議員が前面に出ているように見えても、その裏でルールをつくっているのはキャリア官僚で、自らの首を絞めるようなルールはつくりません。国会議員はコロコロと変わりますが、公務員がいつまでも安泰なのは、自分たちに有利なルールのおかげです。

ビジネスでもルールをつくった企業は強い。

グーグルはインターネットで検索サービスを提供しているので、多くの会社はグーグルを無視してビジネスを展開することができません。

グーグル検索でどれだけ上位に来るかで集客力は大きく変わりますし、グーグルがSEO（検索エンジン最適化）のルールを変えれば、企業はそれに対応するしかありません。

インターネット業界のルールをつくることができたからこそ、グーグルは短期間で巨大企業に成長できたのです。

資格の世界でも同じようなことがあります。

税理士の勉強をして、何年も苦労して資格を取得する人がいる一方で、弁護士や公認会計士の資格をとれば、自動的に税理士としての仕事もできるようになります。弁護士や公認会計士と、税理士の実務は異なる点が多いにもかかわらずです。

くわしい経緯はわかりませんが、弁護士や公認会計士の側が自分たちのメリットになるように、そのようなルールをつくったのではないでしょうか。

ルールをつくった側のほうが、それに従わざるを得ない側よりも稼げるのは世の常なのです。

しかし、起業で成功しない人は、ルールは平等だと信じています。

私はこれまで「セミナー講師になるための講座」を開催し、数多くのセミナー講師を生み出してきました。

ひと昔前まで、講師は「業界の大家」と呼ばれる人が行うものという「暗黙のルール」がありました。

しかし、**業界のトップでなくても、自分のレベルより下の人には教えられることがありますし、そうした情報を求める人もいます。**

たとえば、社会保険労務士の資格をとってまだ3年目の人でも、これから社会保険労務士の資格をとりたいという人に試験対策や勉強法について教えられますし、資格をとったばかりの社労士には実務も教えられます。

業界のトップではなくても、自分よりも下のレベルの人に教えられる。私はこれを「三角形の法則」と名付け、講師になって稼ぐ秘訣を教えてきました。いわば新しいセミナー講師のルールをつくったのです。

それまではセミナーは受けるのが当たり前と思われていましたが、三角形の法則が理解されてからは、講師デビューする人が続出しました。

タレントのタモリさんが「テレビは見るものではなく出るものだ」と言っていたのを聞いたことがありますが、セミナーも受けてばかりいるより、自分が講師になったほうが稼げますし、社会的立場も上がります。

サラリーマンは基本的に会社のルールの下で働きます。どんなに理不尽なルールであっても、それを逸脱することは許されません。

ルールを変えようと思えば、自分がその会社の経営者になるしかありませんが、同族企業であれば創業者一族の意向は無視できません。株を買い取って自分がオーナーになる方法もあるでしょうが、あまり現実的ではありません。

サラリーマンである以上、自分のルールをつくることは難しいのです。起業して自分がオーナーになることでしか、ルールをつくることはできないのです。

ポイント **ルールをつくる立場になる**

12

食える人は「枠組み自体を自分でつくってしまう」

食えない人は「与えられた枠組みのなかで仕事をする」

サラリーマンは、基本的に会社という枠のなかで仕事を与えられ、それをきちんとこなしていく能力が求められます。だから枠を埋める仕事が得意な人が出世していきます。

一方、起業家は枠そのものを自分でつくらなければなりません。

すでに存在する枠のなかでビジネスをしていても大儲けすることはできません。

独立してチェーン店のフランチャイジー（加盟店）になる人がいますが、儲かるのはフランチャイズの枠組みをつくった本部です。フランチャイジーとして独立した人の多くが、ロイヤリティーという形で利益を本部に吸い上げられて疲弊していきます。

三重県のNさんは、枠自体を自分でつくった起業家のひとりです。

彼は親からシイタケ農家を引き継いだものの、ほとんどの農家と同様にＪＡ（農協）にしか販売ルートがなく、利益はたいして上がりませんでした。

しかも、天然の丸太で栽培する原木シイタケは育てるのに手間も時間もかかる高級品のためコスト高になり、価格競争力でも劣っていました。

このままではやっていけない……。

危機感をもった彼は、ＪＡとの取引だけでなく独自の販売ルートを開拓することを決意しました。

味と品質には自信があったので高級料亭に直接販売するほか、伊勢神宮のお祭りで、串焼きにしたシイタケを売る「しいたけバー」というユニークなお店を出し、話題を集めます。

また、シイタケで佃煮をつくって、新しいニーズの掘り起しにも努めました。

その結果、挑戦的な取り組みがマスコミに取り上げられ、売上は10倍にアップ。見事、シイタケ農家を再生させたのです。

シイタケ農家の三代目は、「シイタケを生産するだけ」というこれまでの枠組みを壊し、「生産から販売まですべて自社でやる」という新しい枠組みをつくることに成功したのです。

もう一人、ある経営者の例を紹介しましょう。

彼は、ハマグリを獲る漁師の二代目として家業を継ぎましたが、ハマグリを獲って問屋に卸すというこれまでの商売の延長線上では売上は伸びないと判断し、ハマグリの魅力をもっと違う形で消費者に知ってもらえないか模索を始めました。

そんな彼がオープンさせたのが、ハマグリ専門の飲食店。わんこそばにならって始めた「わんこ焼きハマグリ」が話題を集めました。

これまで脇役の印象が強かったハマグリを主役に据えたコンセプトが評判を呼び、お店は大繁盛。ついには六本木ヒルズへの出店を果たすまでになりました。

サラリーマンであれば、これまでの延長線上で仕事をしていても許されますが、起業家がそれをやっていたら、先細りするのは必至。**新しい枠組みをつくった起業家だけが大きな成功を手につかめる**のです。

ポイント

これまでの延長線上からあえて離れる

13

食える人は「会社の成果と独立は別物だと思っている」

食えない人は「会社で成果を出さないと独立できないと思っている」

「会社員のときに成果を出さないと起業はできない」と思い込んでいる人は少なくありません。私のセミナーにも、「会社で成果を出して自信がついてから起業したい」と言う参加者がいます。

しかし、サラリーマンで成果を出していれば成功できるとはかぎりません。

個人向けのコンサルタントとして独立したある起業家は、私のもとにやってきたときは自信満々の雰囲気を漂わせていました。

中堅企業に勤めていた彼は、30代で部下20人を抱える部長職までのぼりつめ、経営者からも期待されていたそうです。そんな彼が辞表を出すと経営陣は必死で引きとめましたが、40歳を目前に彼は起業へと踏み切ります。

しかし、現実は甘くありませんでした。1年ぶりに彼に再会すると、現在はコンビニでアルバイトをしながらコンサルタント業を細々と続けているとのこと。

個人向けに営業ノウハウを指導するコンサルタントを名乗っていたのですが、個人で依頼してくる人はかぎられ、しかも高額のコンサルタント料を払えるお客様はめったにいなかったのです。

それでもあきらめずに試行錯誤を続けているそうですが、一方で家族を養わなければならないため、やむなく空き時間にアルバイトをしている、とのことです。

彼のように**会社員として実績を出していても、起業したら勝手が違うということはよくあります。**

特に多いのは、50代になってから起業するケース。

会社で管理職を任され、それなりに実績を出しているので、起業してもやっていけると思ってしまうのですが、会社の力と個人の力を混同してしまう人が少なくありません。

会社の管理職に求められるのは、おもに部下や仕事をマネジメントする力ですが、起業の段階ではほとんど必要とされません。起業の初期で求められるのは、専門性や営業力です。

また、会社で身につけた能力やスキルはその会社でしか通用せず、汎用性が低いという現実もあります。

結局、鳴かず飛ばずで、再就職活動をせざるを得ないケースが実に多いのです。

起業の成功者のなかには、サラリーマン時代には、それほどの成果をあげていなかった人がたくさんいます。

何を隠そう、私もその一人。人材派遣会社で会社員をしていたころは、たいした成果もあげられず、土日の休みが待ち遠しくてたまらない……そんなダメサラリーマンの典型でした。

現在、インターネット通販のコンサルタントとして高収入を得ている起業家も、大手商社に就職しながらも上司とケンカをして1年で退社。結局、4社を転々とした末に起業し、成功を収めました。

起業で成功する人の共通点として、会社員としてはうまくいかずに、何回か転職をしていることも挙げられます。上司から煙たがられて、社内で居場所を失ってしまうタイプが多いのです。

起業家は枠にとらわれず、自分で新しく仕事をつくるのが仕事。会社の枠からはみ出してしまうくらいのほうが成功しやすいのだと考えられます。

反対に、20年、30年と同じ会社で勤め上げて、それなりに実績を出してきたタイプは、起業してもうまくいかない傾向があります。長年の会社員生活のなかでサラリーマン思考で凝り固まってしまうので、臨機応変に対応できないことが多いのです。

起業で成功するために**必要なのは、変化に対応する能力です。**

会社員生活が長い人がこれから起業しようという場合、**これまでの実績はいったんすべて捨てるくらいの覚悟で臨んだほうがうまくいく**はずです。

ポイント

会社員時代の実績は忘れてしまう

14

食える人は「連休が不安でたまらない」

食えない人は「連休が楽しみでしかたない」

サラリーマンは休日前、「今日頑張れば、明日から休みだ！」と心が躍るかもしれません。特に連休などは、会社員にとっては大きなご褒美に感じるのではないでしょうか。

しかし、これはサラリーマン的考え方です。

このような意識のまま起業してしまうと、あとで「こんなはずではなかった」と苦しむことになります。

実際、本当に起業すれば、「三連休は不安でしかたがない」というのが本音。３日間休んでしまえば、その間、売上はゼロなわけですから。

私も起業したてのころは、三連休に家でじっとしているのが不安で、仕事をつくって会社に行っていました。

私も含めて起業家（社長）の多くは、「なぜ日本はこんなに祝日が多いのだろう」という不満（？）をもっています。サラリーマン時代は、「なぜ日本はこんなに休みが少ないのだ。欧米の企業は、サマーバケーションで長期休暇をとっているというのに！」と文句を言っていたにもかかわらず……。


起業をすると、椅子取りゲームをしている感覚になります。**自分がさぼっていれば、他の会社にパイを奪われてしまう。だから、走り続けるしかない。**

私はよく起業家の仕事について、「下りのエスカレーターに逆に乗って上り続けるようなもの」とたとえています。

下りのエスカレーターで上っていこうと思えば、普段の倍の速さで足を動かし、上へ上へと歩かなければなりません。立ち止まってしまえば、そのまま階下へ降りていく結果となります。

起業家も立ち止まることは許されないのです。

会社員でも、そういう起業家のイメージをもっていると、ものすごく出世していくはずです。

ヒットを飛ばしている出版社のある編集者は、夜中にメールをしても、すぐに返事が返ってきます。夜中まで仕事をしていて、常に臨戦態勢なのです。

もちろん、休日出勤をする人が偉いと言うつもりはありませんが、休むことに対して危機感をもっていないと、起業してもうまくいかないでしょう。

ポイント

立ち止まることは「後退」を意味する

第2章

起業して食える人の「お金の使い方」

1

食える人は「他人におごって喜ぶ」
食えない人は「他人におごられて喜ぶ」

起業家体質の人は、お金や人脈など自分がもっているものを出し惜しみしません。

なぜなら、起業家は「投資」という考え方が身についているからです。

あなたが誰かとランチや飲み会に行くとき、支払いはどうするでしょうか。

サラリーマンであれば、飲み会やランチで割り勘にする機会は多いと思いますが、成功している起業家できっちり割り勘にしようとする人は、見たことがありません。

相手がお世話になっている人やお客様であれば自分で全額出しますし、自分が誘ったのであれば、基本的にごちそうします。

成功しない人は、他人におごってもらって喜びます。ひどい場合、おごってもらったことさえ忘れてしまいます。

一方、起業して成功する人は他人におごって喜びます。そして、おごったこと自体を忘れていることさえあります。

しかし、おごったあとに、「お世話になったから」と言って、仕事やお客様を紹介してもらえることは少なくありません。結果的におごった金額が5倍、10倍になって返ってくる場合もあるのです。

「返報性の原理」という有名な法則がありますが、人間は自分によくしてもらったら、相手に対してお返しをしたくなるものです。

成功する起業家は、**世の中が返報性の原理で成り立っている**ことを理解しているから、おごることを喜べるのです。

人脈に関しても同じことが言えます。

自分の人脈を囲い込む人がいる一方で、**成功する起業家は、積極的に自分の人脈を他の人に紹介します。**

私も、著者候補の人を出版社の編集者に紹介することもあれば、「この2人は気が合いそうだ」「お互いのビジネスを補完できるのではないか」と思えば、一席もうけてマッチングすることもあります。

マッチングがうまくいけば、紹介した人たちは喜んでくれます。そして、「松尾さんには、いい人を紹介してもらったから」と、反対に私のクライアントになるような人を紹介してくれたり、新しい仕事を紹介してくれたりするものです。

人間関係も「返報性の原理」で成り立っているので、人脈を提供することで、さらにいい人脈となって返ってくるのです。

サラリーマンだと全額おごるのは難しいとしても、「今日は僕が誘ったから、多めに出すよ」「端数は出させてよ」というぐらいの気前のよさがあったほうがいいでしょう。そういう人は起業してもうまくいきやすい。

一方、「おごってもらえそうだから飲みに行こう」「割り勘だから、多めにお酒を飲もう」といった思考の人は起業に向いていません。

ポイント

お金も人も投資すれば何倍にもなって返ってくる

2

食える人は「借金は信用だと考える」

食えない人は「借金は悪と考える」

「借金は悪である」

そういう価値観をもっている人は、起業家予備軍にも少なくありません。実際、起業して借金を返せなければ破産することになります。だから、「すべての借金は悪い」という発想になるのでしょう。

しかし、そういう人にかぎって、家のローンで3000万円も4000万円もの借金をできるのですから不思議です。

家は簡単に売れませんし、引っ越しもしにくい。天災によって借金だけ残って家に住めなくなる可能性だってなくはない。

「借金は悪である」というなら、家のローンだって組めないはずです。

一方で、成功する起業家は「借金は悪」とは考えません。むしろ**「借金は信用」**だとプラスに考えます。

起業家にとって事業拡大のために借入できるのは、社会的信用を得られたあかしとなります。

銀行や投資家から「この事業はうまくいきそうだ」と思ってもらえるからこそ、お金を出してもらえるのです。見込みのない事業であれば、お金を借りることはできません。

知人の起業家のなかには、お金があるときにあえて銀行から借りる人もいます。銀行はお金を融資して利子をとる商売ですから、優良な会社にはどんどんお金を貸したいと思っています。

だから、**銀行からお金を借りて、着々と返済していく。そうすれば、銀行に恩を売ることができて信用枠も拡大するので、今度はより大きな金額の資金を調達することも可能になります。**

「うちの会社は無借金経営だから」と胸を張っている起業家をよく見かけます。そういう会社は銀行からの融資の誘いも断ってしまうので、いざお金が必要になって融資をお願いしたいとき、銀行は救いの手を差し伸べてくれません。
起業家は銀行から借金をできるようになって、ようやく一人前といえます。実際に銀行から借りるかどうかはケースバイケースですが、少なくとも借金は悪だと決めつけているかぎり、事業を大きくするのは難しいでしょう。

どんなビジネスを始めるかにもよりますが、起業する人は、最初からある程度の融資を受けたほうがいいと思っています。

「融資を受けて失敗したら、借金まみれの生活になってしまう」と尻込みする人もいますが、見込みのない事業計画なら銀行もお金を貸してくれませんし、そもそもそのくらいの覚悟では、成功はおぼつきません。

起業家にとって現金はガソリンのようなもの。満タンだったら最初から全力で突っ走ることができます。

自分ひとり、家族だけ食べていければ十分というようなスモールビジネスなら借金をする必要はないかもしれませんが、大きなビジネスをしたいという志をもっているなら、最初に資金があったほうが勢いはつきます。

ガソリンが少ししかなければ、何をするにもおっかなびっくりになって、成功のタイミングを逃すこともあります。せっかく目の前に大きなチャンスがあるのに、お金がなくて動けない……。それでは、成功するはずのビジネスもうまくいきません。

起業するときに借金をするメリットは、もうひとつあります。

それは、**起業家としての覚悟が決まる**こと。

人はお尻に火がつかないと全力で走れないものです。いつやめても金銭的なダメージがないのなら、本気になれません。悲しいかな、それが普通の人間です。

「来月までに100万円を返済しないといけない」という状況になって、初めて本気で営業しよう、なんとかしようと思うのです。

経営者にとって一番の仕事は、資金繰り。お金をうまく回すには、大きく分けて2つしか方法はありません。ひとつは売上をあげる。もうひとつはお金を借りること（正確には他にもありますが）。借金をすれば、ストレスもたまります。そういう意味でも、起業家は覚悟がないと続けられないのです。

ポイント **借金をすることで覚悟ができる**

3

食える人は「形がない『情報』にお金を使う」

食えない人は「形が残る『もの』にお金を使う」

お金持ちになる人が共通してもっているものがあります。

それは「情報」です。

たとえば、オリンピックの開催が決まって、どこに選手村ができるかという情報をいち早くつかんだ人は、選手村の近くの不動産を押さえたはずです。

選手村ができれば、その土地に人もお金も集まります。街もインフラも整備されますし、オリンピックゆかりの地というブランドも上乗せされるため、不動産価格が上がるのは容易に想像できます。

この手の話は昔からあって、かつて鉄道会社が大儲けできたのも、自分たちでどこに鉄道を敷くか決められたからです。新しい駅ができれば、駅周辺が開発されて不動産の価値が上がります。だから、極端な話、自分たちが所有している土地の近くに鉄道を通せば、それだけで資産が増えたのです。

一般の人でも、「ここに新しい駅ができる」といち早く知ることができれば、不動産を買って儲けることができます。

起業で成功している人は、有益な情報にはお金を惜しみません。世の中には、数十万円するような高額セミナーもあります。そうしたセミナーに人が集まるのは、数十万を払っても、そこで得た情報を元手に何倍、何十倍もの利益を出せる可能性があるからです。「なんで話を聞くだけで、何十万円も払わないといけないんだ」という固定観念にとらわれている人は、お金につながる情報を得られないので、その他大勢の起業家のなかに埋没してしまいます。

起業がうまくいかない人は、形があるものにお金を使いたがります。

ビジネスがまだ軌道に乗ってもいないのに、立派なオフィスを借りたり、ろくに仕事もないのに社員を雇ったりしてしまいます。

ビジネスのネタになる情報が手に入らなければ、立派なオフィスも社員も宝の持ち腐れです。

「成功している起業家は豪邸に住んで、派手な生活をしている」というイメージをもっている人も多いかもしれません。実際、そういう人も少なくありませんが、私が近くで見てきた成功者は、意外と慎ましい生活をしています。

「家をもっていると住む所の自由が奪われるから賃貸でいい」

「高価な貴金属や高級腕時計をしていると、お金目当ての人が寄ってくるから、シンプルなのがいちばん」

「高級車はなんの価値も生まないから、中古で十分」

最近は、このように形あるモノにお金を使わないタイプの起業家が増えてきているように感じます。

ポイント

お金をどう使うと効果的か考える

4

食える人は「札束を燃やす勇気がある」

食えない人は「お金を使うことを躊躇する」

起業して億万長者になった、ある知人は、よくこんなことを言っていました。

「札束を燃やせない人は、起業なんかしてはいけない」

起業は「投資」の連続です。100万円の投資をして、来月1円もお金が返ってこないこともあれば、1000万円になって返ってくることもあります。

だから、成功している起業家は、常に「これは投資に見合うかどうか」を意識して、お金を使っています。そして、投資に見合うと思えば、躊躇なくお金を出す。それこそ「万一、札束が燃えてなくなってもしかたない」という覚悟で投資するのです。

一方、サラリーマン気質の人は、お金を使うことに躊躇しがちです。会社員であれば、毎月給料が入ってくるので、ある意味、投資という感覚はもちにくいのかもしれませんが、起業してからもサラリーマン体質が抜けないと、いずれ行き詰まることになります。どこかで投資をしなければ、ビジネスを大きく伸ばすことはできないからです。

新しいビジネスを始めるために資格の取得が必要になったとします。

そんなとき、成功しない起業家は、1500円の本を買ってきて、独学で勉強しようとします。一方で、成功する起業家は、資格学校に通って集中的に勉強します。

当然、資格学校に通うほうが投資額は大きくなりますが、1冊の本でマスターしようとする人よりも、何倍も早く資格を取得し、仕事をスタートさせることができます。

札束を燃やす勇気をもっている人は、「投資」の必要性を理解し、すべて自己責任で判断します。**成功しても失敗しても、すべては自分自身が決めたことだと腹をくくる。**だからこそ、大きなチャレンジもできるのです。

ポイント

投資をしなければ大きなリターンは得られない

5

食える人は「ウケるものを買う」
食えない人は「好きなものを買う」

自分が身につけるものは、好きなものや欲しいものを買うのが普通です。プライベートで使うものであれば、それでもかまいません。

しかし、起業で成功する人は、何かを買うとき、「好き嫌い」だけでは判断しません。他人に「ウケるかどうか」という判断基準をもっています。

私がまだコンサルタントとしては駆け出しでお金がないころ、100万円するロレックスの腕時計を36回ローンで購入しました。

いい時計であることに間違いはないのですが、金のベルトで、だいぶ成金ぽく見えます。

はっきり言って、自分の趣味とは異なります。

それでも金のロレックスを購入したのは、コンサルタントとして箔をつけたかったからです。「ビジネスを教えます」と偉そうなことを言っておきながら安っぽい時計をしていたら、お客様は信用してくれません。「おまえが儲かっていないじゃないか！」と思われたらおしまいなのです。

つまり、好きなものではなく、相手にウケるものを選んだのです。

私はもともとプライベートではお金をかけないタイプで、車もいまだに中古の軽自動車に乗っています。仕事で車を使うことがないので、高級車を買う必要はありませんし、特にこだわりもありません。むしろ軽自動車のほうが小回りが利いて便利だと思っているくらいです。

私の父親もあまり高級品にはこだわらないタイプですが、逆に車だけは執着があるようです。父親は建設会社を経営しているのですが、若いころからずっとベンツに乗っています。

「ベンツで移動するくらいでないと、工事現場では社長として格好がつかないし、従業員にも夢を見させられない」というわけです。すでに70歳を過ぎましたが、この間もベンツの新車に買い替えていました。

成功する起業家は、「何にお金をかけるべきか」の線引きができています。

億万長者であるマイクロソフト元会長のビル・ゲイツ氏は、ビジネスや慈善事業には湯水のごとくお金を使う一方で、ポケットに入っているはずの割引券を探すために、カウンターの後ろで並んでいる他のお客を何分も待たせたという逸話があるくらいです。

ポイント

「相手にウケるかどうか」を基準にお金を使う

第3章

起業して食える人の「時間の使い方」

1

食える人は「混雑時にランチを食べない方法を探す」
食えない人は「12時にランチを食べようとする」

12時になると、みんな一斉にオフィスビルから出てきて、ランチを食べに行く。オフィス街では、こんな光景をよく見かけます。なかには長い行列ができているお店もあれば、相席で忙しくご飯をかきこまなければいけないお店もあります。

サラリーマンの場合、会社のルールで12時から13時までがランチの時間と決められていれば、それに従うしかありません。混雑を承知で人気のお店の行列に並ぶか、それほどおいしくはないけれど空いているお店を探すことになります。

高層のオフィスビルであれば、お昼時はエレベーターがなかなか来ないし、ギュギュウに押し込まれてしまう。満員電車と同じです。

私は東京の西新宿にセミナールームを構えているのですが、都庁や高層ビルが林立しているので、12時になると空いているお店を探し歩く「昼食難民」が発生しているのをよく見かけます。

一方、起業家は時間の使い方を自分で決められます。だから、いつランチを食べてもいい。自分が食べたいタイミングでかまわないのです。

私は、ランチは開店直後に行きます。11時からお店がオープンするなら、11時には入店するようにします。

12時ちょうどにランチを食べに行くこともなければ、行列に並ぶこともありません。同じおいしいものを食べるなら、並ばずにゆっくりと食べたい。並ぶ時間がもったいない、と考えます。

会社員はそんなことはできないと思いますか？

会社員であっても、ランチの混雑を避ける方法は、いくらでもあるはずです。職場のルールが許すなら、ランチタイムを12時前や13時以降にずらせば、好きなお店で食べられます。もしくは、弁当をつくったり、出勤途中で買ってくるといった方法もあります。

外でのアポイント時間を工夫して、自分のランチタイムを14時くらいにもってくることもできるかもしれません。

銀行のＡＴＭも同じ。給料日は、ＡＴＭの前でお金を下ろそうという人が行列をつくります。行列に並びながら、まだかまだかとイライラしているサラリーマンもいます。混み合う時間帯はわかっているのですから、そうした時間を避ければいい。多くの会社の給料日である25日を避ければもっとスムーズでしょうし、手数料はかかりますがコンビニなど24時間引き出せるＡＴＭを利用してもいいでしょう。

起業家はこのように、**時間を自分でコントロールしようという発想をする**のですが、サラリーマン体質の人は思考が停止し、毎回「しかたない」で済ませてしまいます。そんな人が起業すると、「稼げないのはしかたない」という発想になってしまいます。

時間は有限です。**起業家は時間を効率的に使うことを考えて行動します。**毎日ルーティンでやらなければならないことは、できるだけ効率化できる方法を探すことが大切です。

ポイント

起業家は時間でも「抜け道」を探す

2

食える人は「定時に帰って副業で稼ぐ」

食えない人は「会社に残って残業代を稼ぐ」

サラリーマン生活にどっぷりとつかっている人は、「残業代をできるだけたくさんもらおう」という思考になります。

私も会社員時代は、残業代が支給される上限ギリギリまで仕事をしていたクチです。いえ、正確に言えば、「仕事をしているフリ」をしていました。せっかく残業代がもらえるなら無理にでも会社に残っていないと損だ、という感覚だったのです。

しかし、起業をしたら、当然、時給換算で給料がもらえるわけではありません。自分でお客様を探して、商品・サービスを購入してもらって、請求書を出す。そうしてはじめて口座にお金が振り込まれてくるのです。

デスクでパソコンのキーボードを叩いて仕事をしているフリをしていても、お金は入ってきません。自分で稼がなければならないという点で、起業家とサラリーマンは大きく異なります。

そういう意味では、本気で起業を考えている人は、**会社員時代に自分でお金を稼ぐ練習をしておいたほうがスムーズに起業できます。**

トップ営業マンだった人が独立・起業すると、実はあまりうまくいかないという事実があります。

いくら会社でトップの売上を誇っていたといっても、結局、会社の看板があってこそ商品・サービスが売れたのです。また、世の中には現金を直接、お客様から受け取った経験のない営業マンだっています。

「会社で一番の営業マンだった」という方から起業したいと相談されることがあります。そういう人に私は、こんなアドバイスをしています。

「まずは会社以外で、自分でお金を稼ぐ経験をしたほうがいいですよ」と。

先日も大手企業で働く成績優秀なビジネスマンが起業をしたいと、私を訪ねてきました。その会社では手がけた仕事がうまくいき、上司からの評価も高いと言います。そこで、「その経験とノウハウを活かして、講師業をやりたい」と言うのです。

しかし、私の経験から見て、このタイプの多くは起業してもうまくいきません。自分でお金を稼ぐ苦労や喜びを知らないからです。

そういう私も会社員時代は自分で稼ぐ経験などしたことがなく、起業当初は思うようにいきませんでした。しばらくして自分で撮影したセミナーDVDがホームページで初めて売れたとき、感激したと同時に、自分で稼ぐことの大変さを身をもって知りました。起業する前に、この経験をしておけばよかった、と今になって思います。

講師業で起業したいのであれば、会社を辞める前に、自分でお客様を集めてお金をいただくという経験をしたほうがいい。公民館などのスペースを借りれば、コストはほとんどかかりません。

少人数でいいので、自分で集客する。そして**500円でも1000円でもいいので、直接お金をいただくことが貴重な経験となります。**

今は印刷・製本代も安くなっているので、自分のコンテンツを冊子にして販売してもいい。電子出版も個人で気軽にできる時代です。それが話題になれば、講師としてスタートを切りやすくなります。

店舗販売で起業したいのであれば、会社員時代にフリーマーケットに出店する。インターネット事業で起業したいのであれば、まずはヤフオクなどのオークションサイトで商品を販売するという手もあるでしょう。

この程度の副業であれば、平日の夜や休日を使えば十分可能です。だらだらと残業をしているくらいなら、さっさと仕事を終わらせて将来の起業に向けて準備をするほうが有意義です。

ただし、注意していただきたい点が2つ。

ひとつは、会社の就業規則をチェックすること。副業禁止規定がある場合、副業がおおやけになると問題になります。もうひとつは、アルバイトはだめです。アルバイトは雇用されるという意味で会社員と一緒なので、「自分で稼ぐ」という経験にはなりません。

ポイント

自分でお金を稼ぐことに時間を使う

3

食える人は「自分の予定に合わせてもらう」

食えない人は「相手の予定に合わせる」

私の著者スクールには関東だけでなく、そのほかの地方から参加する生徒さんもいます。講座は東京の西新宿で行われるので、地方のスクール生は泊まりがけでやってくるのですが、なかには沖縄県からはるばる参加される人もいます。

沖縄在住の人の出版企画を見て、オーディションに参加した編集者のうち5人が「興味があるので、面談したい」と言ってくれました。

このあと、スクール生は出版に向けて、編集者と打ち合わせを重ねていくわけですが、そのスケジューリングの仕方で、起業に向いているかどうかが、ある程度わかってしまいます。

起業に向いていない人は、編集者との打ち合わせの日取りを決めるときに、「編集者さんのご都合に合わせます」と言ってしまいます。

5人の編集者と打ち合わせをするとなれば、最悪の場合、別々の日に5回も東京と沖縄を往復することになります。お金も時間も大変です。しかし、「せっかく面談権を得たのだから、出版社の都合に合わせなければ」と考えてしまう人もいるのです。

起業家体質の人は、同じような場合でも、「自分が東京に行く予定に合わせてもらえないか」と打診します。

3月15～16日にかけて東京に行くのであれば、そのどちらかの日にスケジューリングしてもらったほうが効率よく打ち合わせをこなすことができます。

編集者も地方からわざわざ来てくれることがわかっていれば、事情を考慮して都合を合わせてくれるでしょう。

「出版したいなら、こちらの都合に合わせろ」という人は、まずいません。正当な理由があれば、相手も合わせてくれます。

時間は有限です。いたずらに時間を無駄にするのは、起業家として致命的なことなのです。

自分の予定に合わせてもらおうと努力するのは、起業家に欠かせない姿勢です。

私が都内で取材や打ち合わせをするときは、「15時や16時スタートにしてもらえないか」と打診するようにしています。

私は埼玉県の郊外に拠点を置いています。東京に出るには1時間以上かかります。するると、もし12時、13時くらいからのスタートとなると、午前中は東京に出てくるだけでほぼ終わってしまいます。しかも、15時くらいに取材や打ち合わせが終わると、オフィスにもどってから中途半端に時間が余ってしまいます。

私は原稿の執筆や戦略の立案など、長時間じっくり頭を使って考える仕事がメインなので、中途半端な時間だと集中できません。2～3時間考えた末に、アイデアがわいてくることもあります。時間が細切れになると、調子が狂ってしまうのです。

その点、15時以降のスタートだと、午前中は丸ごと仕事に集中できますし、取材や打ち合わせが終わったら、そのまま帰宅できます。

もちろん、相手の都合もあるので、自分の思惑どおりにいくとはかぎりませんが、こちらから打合せ時間を提案するだけなら失礼にはなりませんし、お金がかかるわけでもありません。

起業家は、自分で時間をコントロールできるようにならなくてはいけません。だから、スケジュールの組み方ひとつで、稼げる人かどうか判別できるのです。

ポイント

スケジュールは自分でコントロールする

4

食える人は「予定に空白をあえてつくる」

食えない人は「予定がいっぱいで喜ぶ」

起業をした人が、よく犯しがちなミスがあります。それは、スケジュールをいっぱいにしてしまうことです。

もちろん、何もすることなく仕事の依頼の電話が来るのをじっと待っているだけで予定表が空白なのは言語道断ですが、予定を詰め込みすぎるのも逆効果です。

「見てください！　今月はスケジュールでいっぱいなんです」

と喜んでいる人がいますが、そういう人にかぎって、貧乏暇なしの状態になって、疲弊していきます。そして、「サラリーマン時代のほうが楽に稼げてよかった」などと愚痴を言うのです。

成功している起業家は、予定がいっぱい入ったからといって喜ぶことはありません。むしろ、**スケジュールが詰まってきたら、アポイントをセーブして、あえてスケジュールに空白をつくります。**

私の場合、どんなに忙しくても、週2日はアポイントを入れず、一日中会社にいる日をつくるように心がけています。

何をしているのかというと、起業家として最も大事な仕事、すなわち頭を使って「考える」ことをしているのです。

一般的にサラリーマンは与えられた仕事をこなしますが、起業家は自分で仕事をつくらなければなりません。どんなものを、どんな人に売るか。そうした戦略を考えられないと、必ず行き詰まります。

有名コンサルタントの神田昌典さんは、「社長は1週間のうち1、2回、紙とペンだけもって、どこかにこもる必要がある。そして、これからのプランをひたすら考えるべき」と言っています。

自分で考える時間を半強制的につくらないと、将来の戦略がなおざりになり、先細りしてしまいます。

私は器用なタイプではないので、仕事がいっぱいあって忙しい毎日が続くと、思考が停止してしまいます。だから、あえて集中して考える日をつくり、あれこれと先の戦略を練っているのです。

お金の専門家で、数々のベストセラーを出版している友人の著者も、1人になる時間をつくることが大切だとよく語っています。

彼はその時間を「1人会議」といって今後の事業プランや投資戦略を練っているそうですが、**成功している起業家は今後の戦略を考える時間の大切さをよく理解している**のです。

起業をすると、たくさんの人と会って人脈を築くことも大切ではあります。しかし、長い間それを続けていると、目の前の仕事をこなすことに精いっぱいになり、将来の戦略を描くことができません。

ポイント 1人で「考える時間」をつくる

5

食える人は「事前に予約をとっておく」

食えない人は「直接お店に行く」

起業で成功する人は、ほぼ例外なく段取り上手です。

仕事の効率が悪ければ、時間ばかりかかって収入が少ない、という事態になりかねないからです。これは起業家にとって致命的です。だから、段取りよく仕事をして、効率よく稼ごうと意識しています。

先日、起業を目指している人とランチを一緒にとることになりました。打ち合わせの場所が、彼の事務所だったのでお店選びは任せました。

彼は「いい店を知っている」と自信満々だったのですが、ちょうどランチタイムということもあり、行ったお店3軒すべて満席で入れませんでした。

このとき、「彼は起業家として成功するのは、正直難しいだろう」と直感しました。

起業で成功する人であれば、このような場合、お店に直接行く前に電話で空席を確認し、予約をしておくでしょう。

電話で予約するのはたいした手間ではありません。それをするだけでランチ難民になることはありませんし、「この人は仕事ができる」と相手に思ってもらえます。

私は忙しくて時間がないときなどは、ランチタイムをできるだけ効率的に済ませる工夫をしています。

会社を出る前に行きつけのお店に電話をして「今から10分後にそちらに着くので、麻婆豆腐定食をつくっておいてください」と伝えておくのです。すると、席に着くとすぐに定食が出てきて、時間をロスすることもありません。

もちろんお店が混んでいるときに、こんなことをすると迷惑ですが、開店直後の11時であれば、お店も喜んで受けてくれます。

10年間勤めた公務員を辞めて起業をした人がいます。「公務員は安定しているのに、なんで辞めたのですか?」と聞くと、彼はこう答えました。

「このまま勤め上げたら本物のバカになってしまうと思ったからです」

彼は有名国立大学の出身で、やる気に満ちていたのですが、「こうしたほうが効率的に仕事ができます」と上司にアイデアを提案するたびに、こう言われてきたそうです。

「おまえしかできない仕事をつくるな。公務員はみんな同じ仕事をしないといけないんだから、突飛なことを考えなくていい」

こうした話を聞くたびに、公務員の世界は起業の世界とは正反対だと実感しますが、一般企業でも非効率な仕事をしているサラリーマンはたくさんいます。

たとえば、上司に頼まれた企画書の提出が10日後だとします。

段取りが悪い人は、締め切りギリギリになって、あわてて企画書を上司に提出します。その段階で、上司から「求めていたものと違う」と言われたら、取り返しがつきません。当然、評価も下がるでしょう。

一方、効率を考えている人であれば、7日後には8割がた完成した企画書を上司にチェックしてもらい、方向性は間違っていないか、抜けている情報はないかなどを指摘してもらいます。

それを受けて企画書を完成させれば、上司に「全然違う！」とダメ出しをされることはなく、上司の求める企画書を提出できます。

起業をすれば、サラリーマン時代以上に段取りよく、効率的に仕事をしていく必要があります。

いつも仕事がギリギリで、段取りが悪いと自覚している人は、起業してから苦労することになるかもしれません。今から効率を考えて仕事をすることをおすすめします。

ポイント 段取りと効率が最大のキモ

6

食える人は「電車が止まるとタクシーに乗る」

食えない人は「電車が止まると『遅れます』と連絡を入れる」

先日、セミナー講師として登壇する会場に向かうため電車に乗っていると、車両トラブルが発生し、電車が止まってしまいました。

数分しても動く気配がないので、私は電車をあきらめてタクシーで向かいました。

もちろん、じっと待っていれば再び動く可能性もありますが、起業家にとって時は金なり。「電車が止まってしまったので、セミナーに間に合いませんでした」というのは許されません。

もう二度とその会社から声がかかることはないでしょう。

結局、タクシー代はかかりましたが、無事セミナーには間に合って事なきを得ました。

「動くかどうかわからない電車にじっと座っている」という選択肢は、起業家にはないのです。

サラリーマン体質の人は、電車が止まると、まず会社やこれから会う相手に「すみません、遅れます」と一報を入れます。

サラリーマンならこれで済むかもしれませんが、起業家の場合、「遅れます」では済まない場合もあります。相手は「しかたないですね」と言ってくれるかもしれませんが、遅刻したことで信用を失うこともあります。

これから何か仕事を頼もうと思っていても、「遅刻してくる人は仕事もルーズかもしれない」という目で見られてしまうのは当然でしょう。

編集者に聞いた話ですが、今は売れっ子でも、「時間を守る」といった基本的なルールを守れない著者は、遅かれ早かれ執筆依頼が途絶えて消えていくそうです。

また、**大事な交渉ごとに遅刻すれば、どうしても下手に出なければならず、交渉の主導権を握れません。**

稼ぐ起業家ほど遅刻をしません。

彼らはたまたま電車が止まらなかったから遅刻しないのではなく、**遅刻をしないような**

準備をしているのです。

具体的に言えば、待ち合わせ時刻ギリギリに着くように逆算して移動することはありません。もし何らかのトラブルがあっても、問題なく到着できるように余裕をもって出発しているのです。

私の場合は30分前に目的地に到着するようにしていますが、30分の余裕があれば、1本電車に乗り遅れたり、途中で腹痛に襲われてトイレに駆け込んだりしても十分間に合います。

「30分も前に着いて、時間を持て余しませんか？」と聞かれることもありますが、近くのカフェに入って打ち合わせの資料をもう一度、見直すこともできますし、メールの返信など細切れの仕事を終わらせることも可能です。

何よりも心を落ち着けて、交渉や打ち合わせに臨むことができます。

ポイント

「時間を守る」という基本を守る

7

食える人は「問題やトラブルを前向きにとらえる」

食えない人は「問題が起きるとイライラする」

電車が事故やトラブルで止まると、イライラして駅員に「どうなっているんだ！」と文句をつける人がいます。そんなことを言っても、駅員一人の力ではどうすることもできませんし、イライラするだけ損です。

成功する起業家は、トラブルも前向きにとらえる傾向があります。

以前、埼玉県のオフィスから都内へ向かっている途中で電車が止まったことがありました。いつものようにタクシーに乗り換えたのですが、その途中でタクシーが荻窪駅の周辺を走っていることに気づきました。

「荻窪といえば、ずっと前から食べてみたいと思っていた人気ラーメン店がある！」と気づき、時計を見ました。

次のアポイントの時間までかなり余裕がある。私はタクシーの運転手に、そのラーメン店に向かうようにお願いし、念願のラーメンをいただくことができました。

電車が止まったのは不運でしたが、荻窪には用事でもなければ行かないので、結果的にラッキーでした。

その顚末をフェイスブックにアップすると、「電車が止まったせいでタクシー代が余計にかかったのに、なんだか楽しそうですね。イライラしないんですか？」といったコメントが届きました。

アクシデントやトラブルはないほうがいい。そう思うのはみなさんと一緒ですが、**起きたものはしかたありません。イライラしたところで状況が好転するわけではないので、むしろ楽しんでしまったほうが精神的にもラク**です。

トラブルに巻き込まれて、「〇〇のせいだ！」と相手を責めたり、「自分はついていない」と落ち込んだりしても、何も得るものはありません。

これはビジネスでも同じ。不景気だからといって、「政府が悪い」「経済が悪い」と不平不満を言っても事態は好転しません。成功する起業家ほど、不景気なときほど投資をして、次のチャンスに備えているものです。

起業でも、ポジティブにとらえる能力は大切です。

ある起業家は、かつて銀行員でした。当時は30代前半で年収が800万円ほどあり、経済的にはまったく困ることはありませんでした。

しかし、「銀行員は個性を出してはいけない」と上司によく言われていたそうで、実際は強いストレスを感じる仕事だったそうです。

そこで、彼は一大決心をして、フルコミッション（歩合制）で働く保険の営業マンに挑戦することにしました。

その決意を妻に伝えると、こう嘆かれたそうです。

「あなたの魅力の半分は銀行員であることだったのよ。そう、お金が魅力だったの。それなのに銀行を辞めてしまうなんて、がっかりだわ」

このとき、普通の人なら最愛の妻に「魅力の半分はお金」と言われてショックを受けるところですが、彼は妻にこう返しました。

「え、本当に⁉　半分でよかったあ。100％お金が目当てだったら立ち直れなかったよ」

気持ちいいくらいにポジティブです。実際、銀行を辞めた彼は、現在保険の営業で年収1600万円を稼いでいます。起業することで年収が2倍になったわけです。

これくらい前向きな思考回路をもっている人のほうが起業しても成功します。

ポイント

ポジティブな心がお金を生む

8

食える人は「新幹線や飛行機を使い時間を短縮する」

食えない人は「夜行バスで移動代を安く済ませる」

セミナーで講師をしていたとき、とても眠そうにしている参加者がいたので、「どうしましたか？　体調でも悪いのですか？」と尋ねました。

すると、「広島から夜行バスで来たのですが、全然眠れなくて……」とのこと。

せっかく高額のお金を払ってセミナーに参加して学ぼうというのに、睡眠不足で居眠りをしてしまっては本末転倒です。

せっかく東京まで来てセミナーで学ぶのであれば、その時間に集中できるような体調管理は必要ですし、そのためには夜行バスではなく、新幹線や飛行機を使ったほうが本番に疲れを残すことはないでしょう。

夜行バスでは寝ることしかできませんが、新幹線や飛行機であれば料金は割高でも、移動中に仕事をしたり本を読んだりと、有意義に過ごすこともできます。

リスク管理という意味でも、夜行バスには問題があります。たびたび長距離バスの事故が起きているように、バスは新幹線よりもリスクが高いといえます。

バス会社の管理の問題もありますが、どんなベテランドライバーでも、ミスをすることはありますし、予測できない事故やトラブルが起きれば、時間どおりに到着しない可能性もあります。

もちろん、新幹線や飛行機でも事故のリスクはありますが、機械で制御されている部分も多く、乗務員はしっかりした訓練も受けているので、バスよりリスクは低いといえます。

起業家であれば、常にリスクに注意を払う必要があります。

成功する起業家は、ケースに応じてタクシーも有意義に使います。

どこへ行くときもタクシーを使うという起業家は、コスト意識が低いと言われてもしかたありませんが、タクシーを使うかどうかが売上や交渉の成否を左右するという場面では、躊躇なくタクシーに飛び乗ります。

たとえば、真夏に徒歩で20分、30分かかるような場所へはタクシーを使います。お金がかかるからと徒歩で向かったら、到着するころには汗だくです。

滝のような汗を拭きながらでは商談に集中できません。お客様の立場になってみても、汗がポタポタと落ちている人と面談するのは気分がよくないですし、不衛生な印象を与えてしまいます。

雨の日も同様です。傘が役に立たないような嵐の日であれば、わずかな距離であっても、タクシーに乗ってしまったほうが自分にとっても、これから会う相手にとってもいいでしょう。

成功する起業家は、「本番」でいかに力を発揮するかを考えて、交通手段を選ぶのです。

ポイント

「本番」のことを考えて交通手段を選ぶ

9
食える人は「体調が悪くてもはってでも行く」
食えない人は「体調が悪いとすぐにリスケをする」

これまでたくさんの成功している起業家を見てきて気づいたことがあります。

それは不思議と**「体調を崩す人が少ない」**ということです。

一方で、うまくいっていない起業家やサラリーマン体質の人は、体調を崩しがち。「体調が悪いのでリスケ（リスケジュール）してください」と言ってくるのは、不思議と稼いでいない起業家が多いのです。

これは偶然ではなく、理由があります。

ひとつは、**成功する起業家は、たとえ具合が悪くてもはってでも仕事をするという覚悟があるから**です。

特に私のような講師業は代わりがききません。体調が悪いからといって休めば、何十名もの参加者のスケジュールが狂うことになります。いくら理由が病気であろうとドタキャンすれば信用を失うので、二度と講師を頼まれることはないでしょう。

起業したての駆け出しの時期であればなおさらです。実績も信用もないうちは、一度でもドタキャンをすれば、すぐに切られてしまいます。他に代わりはいくらでもいるのですから。

一流の芸能人は、亡くなる直前まで仕事をするケースが少なくありません。みなさん、テレビではついこの間まで元気に仕事をしていたように見えたのに、実は大病を患っていたという事実にあとで驚かされることがよくあります。

芸能人は事務所に所属しているとはいえ、個人事業主に近い感覚で仕事をしているのでしょう。だから責任感が強く、弱みを見せたらいけないと気が張っている。だから、命が燃え尽きる直前まで頑張れるのではないでしょうか。

成功する起業家がリスケをしないもうひとつの理由は、日々の体調管理が徹底しているからです。

健康的な生活を心がけていれば、病気にもかかりにくくなります。

「高級ホテルに併設されているスポーツジムに行くと一流の経営者だらけ」という話を聞いたことがありますが、一流の起業家は体づくりに余念がありません。体が資本であることを誰よりも理解しているからこそ、苦しいトレーニングも継続できるのでしょう。

私自身は、毎朝ジョギングをして体を鍛えています。運動をはじめてからは体も絞れて体調がよくなりましたし、以前よりも風邪などの病気にかかることも少なくなりました。ある経営者がフェイスブックで「今日は風邪気味なので点滴を打っています」などと書いているのを見かけましたが、そういう不幸自慢をする人は起業家としてはうまくいきません。

体が弱い人に仕事を頼もうとは、普通は思わないでしょう。起業家として生きていくなら、自分の弱みを見せてはいけないのです。

ポイント

体調は常に絶好調でいる

第4章

起業して食える人の「勉強法」

1 食える人は「ビジョンを決めてから勉強を始める」
食えない人は「とりあえず勉強を始める」

名刺交換をすると、名刺の裏にぎっしりと取得した資格が並んでいることがあります。よく見ると、本業にまったく関連のない資格が脈絡なく羅列されている。こういうタイプは、かなりの確率で稼いでいない起業家といえます。

なぜなら、自分の本当の強みが見つかっていないからです。自分の強みで稼げている起業家は、たとえたくさんの資格をもっていたとしても、必要最低限のものしか記載しません。

厳しい言い方をすると、資格を名刺に羅列している人は、自信のなさを資格で埋めているとしか思えません。

「資格ホルダー」になる人は、小さな成功体験に酔ってしまいがちです。

私は起業する前、父親が経営する建設会社で働いていたこともあって、宅建（宅地建物取引士）の試験を受けたところ、一発合格。

それまで成功体験といえるものがなかった私は、とてもうれしくなって、今度はマンションの管理業務主任者の資格に挑戦し、これまた合格。

といっても、宅建も管理業務主任者も「将来いつか役に立つだろう」というくらいの感覚で受験し、実際、仕事の役には立ちませんでした。

当時の私は、「俺だって、やればできる！」とうかれていましたが、今振り返ると、まわりの人はきっと「仕事をしないで資格ばかりとって、典型的なバカ息子だな！」と冷ややかな目で見ていたと想像できます。

しかし、有頂天になっている私は止まりません。『カバチタレ』という行政書士が主人公のドラマに影響を受けて、今度は行政書士の勉強を始めたのです。このときの私は完全に自分の小さな成功体験に酔っていたのだと思います。

勉強を始めてしばらく経ったころ、ある事実に気づきます。いまさらながら行政書士の仕事を調べてみると、弁護士と重なる仕事はあるけれど、基本的には行政書士の仕事は書類の作成をメインとする「代書」であり、開業してすぐに稼げるものではないとのこと。まぬけな話ですが、私は資格の勉強を始めてから、その資格でどんな仕事ができるのかを知ったのです。

この出来事がきっかけで、資格の勉強をすることで、「現実から逃げていた」と自覚することができ、資格取得よりも起業することを選択したのです。

少し意地悪な言い方をすると、資格に走る人は、「今の仕事がうまくいかないから」「営業をするのが苦手だから」という理由で、取得できそうな資格の勉強を始めます。まさに昔の私がそうでした。

現在、起業コンサルタントである私のもとには、かつての自分のような起業家予備軍がたくさん訪ねてきます。

「この資格も、あの資格もとりました」と言う資格ホルダーにかぎって、「でも、お客様が来ないんです」と嘆きます。挙げ句の果てには、「今度は○○の資格もとろうと思っているんです。そうすればお客様の幅も広がるはず」と言い出します。

こういうタイプの方は、どんなに難しい資格をとっても、ビジネスでは成功しません。なぜなら、資格の勉強をすることが目的になってしまい、ライセンスをとったあとのビジヨンが見えていないからです。

資格を活かして起業で成功する人は、勉強前から「こうやって稼ぐ」というビジョンが明確です。どういったビジネスをするのかをあきらかにしてから、資格の勉強を始めます。

手軽にとれる資格をたくさんもっている人がいますが、簡単に取得できる資格ほど、「稼げる寿命」は短くなります。

これは私の持論ですが、資格を活かして食べていける期間は、資格取得に要した勉強時間に比例すると考えています。3カ月の勉強でとれた資格は、3カ月の命。簡単にとれる資格ほど、専門性は低く、ライバルも多いので当然です。

ポイント

仕事がうまくいかない人ほど資格試験に逃げる

2

食える人は「優秀な通訳を探す」

食えない人は「英語の勉強を始める」

「英語は武器になる」

そう言って、とりあえずＴＯＥＩＣの勉強に精を出す人によく出会います。

そのうちＴＯＥＩＣのスコアを上げることに必死になり、毎回のようにＴＯＥＩＣの試験を受けるようになります。

「毎回受けないと実力が落ちてしまうんです」と本人は主張しますが、いつまでたっても英語をビジネスに活かしている様子はない。起業できずにくすぶっている人のなかには、こんな人がたくさんいます。

成功する起業家は、ビジネスで英語が必要になったら、自分でイチから勉強して英語を身につけようとはしません。優秀な通訳を探して雇います。実際「英検3級しかもっていない」という起業家は少なくありません。

英語が話せないよりは話せたほうがいいに決まっていますし、稼いでいる起業家には英語が達者な人も少なくありません。

しかし、30歳を過ぎて英語に苦手意識をもっているなら、英会話をイチから学んでいる時間はもったいない。勉強をしている時間はお金を稼げません。

英語で最低限のコミュニケーションはとれたほうがいいですが、**中途半端に英語を話せても、商談や交渉事では使い物にならない**と考えられます。そうしたリスクも考えれば、プロの通訳を雇うという発想のほうが、ビジネスはうまくいきます。

語学を勉強するにしても、起業で成功するタイプは、今から英語を学ぼうとは考えません。なぜなら、英語が話せる人はたくさんいるからです。今から英語が話せるようになっても、起業で稼ぐための「強み」としては不十分です。中国語も今からでは遅いでしょう。

起業で成功するタイプは、もっとマイナーな言葉を勉強しようと考えます。

たとえば、フィリピンの公用語であるタガログ語、東アフリカの言葉であるスワヒリ語、経済成長著しいカタールの公用語でもあるアラビア語などなど、いろいろあります。

現在、起業家として活躍する知人は、20代の頃、バックパッカーとして世界中を旅行したあとに仕事を探していたところ、ある大手飲食チェーン店から声がかかり、年収８００万円で働くことになったと言います。

彼は旅行中にスペインに長く滞在していたため、スペイン語が話せるようになり、スペイン文化にも精通していたからです。飲食チェーン店がちょうどスペインへの進出を検討していたため、即戦力として採用されたのです。

年齢をある程度重ねてから、起業のために語学を学ぶのは感心しませんが、20代の若者や将来語学力を活かして起業したい人は、英語や中国語以外のマイナー言語を学ぶのも賢い選択です。マイナーな言語は、日常会話レベルでも話せれば一目置かれます。

起業で成功する人は、語学にかぎらず、さまざまな面でニッチな分野を狙う傾向があります。大きな市場は大手企業に食い尽くされていますが、**ニッチであればあるほど、小規模の起業家が勝負しやすくなります。**

起業で成功するには、希少性に注目することが大切です。少数派の分野を狙えば、ライバルが少ないので、成功する確率も高くなります。

私は大学時代に経営学部に通っていましたが、当時はまだ経営学部に入ってくる女性は少なかった。男女の比率でいえば10：1くらいです。そういう環境なので、それほど美人でなくても、男子学生からモテる。

しかし、そんな彼女たちも、大学の外に出れば、学内ほどちやほやされることはありません。私はこのような現象を「経営学部の女子理論」と呼んでいるのですが、起業についても同じことが言えます。

市場での希少性が高ければ高いほど起業家はモテます。

だから、英語を学ぶよりも、これから需要が高まりそうな言語を学んだほうが、有利な立場をつくり出すことができます。

ポイント

語学を勉強するなら ライバルの少ない言語を学ぶ

3

食える人は「資格学校の言うことを疑う」

食えない人は「資格学校の言うことを信じる」

「社労士の平均年収は800万円！　あなたも当スクールで学んで高収入を手に入れましょう！」

資格学校の広告やホームページを見ていると、こんな文言が並んでいます。これだけ見ると、「社労士って儲かるんだ！　勉強してみようかな」と思う人が出てきてもおかしくありません。しかし、こうした情報を真に受けてしまう人は、起業家として成功するのはむずかしいでしょう。

もちろん、社労士の資格を活かして1000万円以上の年収を得ている人もいますが、実際にはサラリーマン時代の半分の収入しか得られずに、「こんなはずじゃなかった」と後悔している社労士もたくさんいます。

こうした現実を知っている私からすると、資格学校のセールス文句は「疑わしい」と言わざるを得ません。

「嘘をついている」とは言いませんが、社労士になりたい人をたくさん集めるために、自分たちに有利な数字を使っていることは十分考えられます。なぜなら、資格学校も営利集団だから。儲けることを第一に考えるのが普通です。

「平均年収800万円」というデータも、資格学校にとって都合のよい数字である可能性があります。

たとえば、開業してうまくいっている社労士だけをアンケートの対象にしているのかもしれません。

そもそも社労士で食べていけない人がアンケートに「年収200万円です」と答えるのは恥ずかしいので、年収の低い社労士はアンケートへの回答を断り、データに反映されていない可能性もあります。

起業家として成功する人は、こうした数字を疑ってかかります。

国でも学校でも、営利組織でも、胴元（運営側）が得するように情報は発信されるということを知っているからです。

最近は有名大学を卒業するアイドルが増えています。これを素直に受け取れば、「頭のいいアイドルが増えていてすごいなあ」という感想になりますが、実は裏にはカラクリがあります。

昨今は一流大学でも通信教育やEラーニングのみで卒業できる学校が増えていて、芸能活動をしながらでも卒業できる環境が整っているのです。

ある男性アイドルが大学の卒業式で、レポーターに「もうキャンパスに来られなくなるのは、さびしくないですか？」と聞かれて、「キャンパスに来たのは今回で2回目なので、特に……」と答えていたのも、インターネット上の聴講だけで卒業できるからです。

大学の立場になれば、本業が忙しくて大学に通えないアイドルを卒業させて話題になれば宣伝になります。また、コストが安く済むEラーニングでも学費は400万円くらいかかるので、「おいしい商売」といえなくもありません。

起業家は、このような視点から物事を冷静に見ています。

したがって、資格学校が社労士試験に合格した人たちに向けて、「社労士に加えて、行政書士も取得してダブルライセンスになれば、収入も2倍になります！」と宣伝するのを聞いても、次のように考えます。

「せっかく社労士の資格をとったなら、それを活かしてガンガン仕事をして、事務所を大きくすればいい。そもそも収入が2倍になって1500万円くらい稼げるなら、学校で教えている先生たちが2つ資格をとって稼ぎまくるはず。そうしないのは、現実はそう甘くはないからだ」

資格をとろうと考えているなら、実際にその資格をもっている人に話を聞くのがいちばんです。士業が集まるセミナーに参加して取材してもいいですし、フェイスブックなどSNSでつながりをもって直接聞くこともできます。そして、本当に儲かっている人が多いのであれば、資格取得に本腰を入れる。

このようにメディアなどを通じた二次情報ではなく、自分で集めた一次情報をもとに判断しなければ、起業をしてもうまくいきません。

ポイント まず、実際にやっている人に聞く

4

食える人は「ビジネス書を飛ばし読みする」
食えない人は「ビジネス書を最後まで精読する」

ある起業家は、「僕は1か月で50冊のビジネス書を読んでいます！」と胸を張っていました。しかし、よくよく聞いてみると、稼げなくて悩んでいるとのこと。

理由は明白でした。

せっかくビジネス書を読んでも、行動に落とし込んでいなかったからです。

ビジネス書の場合は、読んだノウハウをいかにアウトプットするかが問われます。小説などと違って感動はいりません。「ためになる内容だった」といって、そのまま何も行動を起こさないのは無意味です。

いくらすばらしいノウハウが書かれたビジネス書を読んでも、アウトプットしなければ

1円にもならないのです。通信講座で空手を習っても、一度も実践しないのではうまくならない。それと同じで、ビジネス書も実践しなければ成果は出ません。

起業で成功する人は、アウトプットすることを前提にビジネス書を読みます。

たとえば、32ページ目に自分のビジネスに役立ちそうな内容が書いてあったら、付箋をつけて本を閉じる。そして、実際にそこに書いてあったことを行動に移してみるのです。

たとえば、「効果的なホームページのキャッチコピー」に関する記述だったら、自社のホームページの文言を変更してみる。

書いてあることを実践したら、付箋をつけた32ページ目から再び読み返し、今度は46ページ目で役に立つ記述があれば、同じように実践してみるのです。

私も起業したばかりの頃は、こうした読み方を実践していたので、まさにビジネス書を生きた教科書として活用することができました。

「本は最初から最後まで読まなければならない」と思い込んでいる人もいますが、ビジネス書は小説ではないのですから、自分の欲しい情報を拾い読みするのが正解です。あくまでもアウトプットするのが目的なのです。

「せっかく1500円の本を買ったのにもったいない」と思う人もいるかもしれませんが、32ページ目に書いてあることを実践して1万5000円稼ぐことができたら十分ではないでしょうか。

何も行動しないほうがもったいない！

成功する起業家は、**情報収集ツールとしてビジネス書を活用している**のです。

本書もビジネス書ですから、「起業で成功している人は、こんなことをしているのか。すごいなあ」で満足しないでください。「これは役に立ちそう」という内容があったら、ひとまず本を閉じて行動し、アウトプットすることを考えましょう。

どんなビジネス書を読むかも重要です。

基本的には、自分が起業している、あるいは起業しようとしている業界のトップランナーの書いた本を読むことをおすすめします。その業界をよく理解できますし、成功のステップが具体的にわかります。

また、業界を問わず、**自分が目指す起業家レベルの本を優先する**のもいいでしょう。

たとえば、年間の売上が1000万円規模の個人事業主が、ソフトバンクの孫正義さんやファーストリテイリングの柳井正さんの経営に関する本を読んでも、レベルが高すぎて実践に落とし込めません。私の場合は、こうした大経営者の本は、学ぼうという姿勢ではなく、「冒険小説」と同じ感覚で読んでいます。

モチベーションを上げたいといった理由で、これらの本を読むのはかまいませんが、起業の成功に直接つなげようと思えば、もっとふさわしい本があります。

現在、年商が1000万円レベルであれば、年商1億〜3億円稼いでいる人の本が参考になりますし、現在の年商が1億円レベルであれば、10億〜30億円稼いでいる起業家の本から学ぶことが多いはずです。

ポイント

役に立つノウハウがあったら本を閉じて、即実践！

5

食える人は「それを楽々やっている人に相談する」
食えない人は「誰にでも相談する」

「これから税理士の資格をとって起業したいと考えています」

そう言って私のコンサルに通っていた会社員が、パタリと来なくなってしまいました。

あとで彼にメールで事情を聞くと、尊敬している会社の先輩に相談したら、起業するのを反対されたとのこと。先輩にはこう言われたそうです。

「税理士は今、人が余っていて大変らしい。俺の知り合いにも税理士になった人がいるが、食べていけなくて会社員に戻ったらしい。キミも会社で出世を目指したほうがいいのではないか」

起業を目指している人がまわりの人に相談すると、起業そのものを反対されることが少なくありません。税理士を目指していた彼も、結局、起業するのが怖くなって資格をとるのをやめてしまいました。

彼のミスは、起業したことのない未経験者に相談してしまったことです。

会社員の先輩は自分自身起業したことがないわけですから、起業の現実を肌身で実感したわけではありません。

たしかに国家資格をとれば安泰ということはありませんが、資格で起業して会社員時代よりも高い収入を得ている人がたくさんいるのも事実です。

「人の不幸は蜜の味」という言葉がありますが、起業に関する失敗や悪い話は噂になりやすい。「あの人、うまい話にだまされて脱サラして、今はアルバイト生活らしいよ」といった話は、人から人へどんどん伝わっていきます。

反対に、**成功したという話は伝わりにくい**のです。

嫉妬心から、「あんなに稼げるのは、何か悪いことをしているからだ」というような話は伝わることがあっても、どうやって成功したのかといったプロセスや、かなり成功しているらしい、といったストーリーは話題になりません。

その理由は簡単。他人にとっては、あまりおもしろくない話だからです。

先ほどの先輩が「税理士はやめたほうがいい」と止めたのは親切心からだと思いますが、少しうがった見方をすれば、どこかで嫉妬心が働いていたかもしれません。同じ会社に勤める後輩が、万一起業して成功したら悔しいからです。

妻や家族に相談するのもやめたほうがいいでしょう。

奥さんの実家が自営業の場合は別ですが、サラリーマン家庭で育った妻にとって、起業は大変なリスクだと感じます。

特に専業主婦は、家を守るのが仕事ですから、夫が会社勤めで決まった収入を稼いでくれたほうがありがたいのです。万一失敗して借金を抱えるような状況になるのをいちばん恐れるわけです。そんな妻に起業の相談をしても、止められるのがオチです。

その一方で、**起業で成功する人は、独立してすでに稼いでいる人に相談をします。**

税理士の資格をとって起業したければ、すでに税理士として成功している人にコンタクトをとって、その秘訣を聞くのです。

成功している士業の人が参加しているセミナーや懇親会に行って、直接話を聞いてもいいですし、「コンサル代を出しますので、1時間だけお話を聞かせてください」と頼んでもいい。

私は、セミナーに参加していた起業家予備軍の人から、直接相談をしたいと頼まれて懇親会で隣に座ったことがあります。

すると彼は、私が執筆した書籍をカバンから取り出して、「この本を読んで、私も起業したいと思ったんです！」と言いました。そして、その本には付箋がいっぱい貼ってあり、文章には蛍光ペンでラインが引かれていました。

それだけ読み込んでもらっていることに著者である私は大感激。普段は有料で教えているノウハウについても、気前よく話してしまいました。

自分が目指している道で成功している起業家に、お金を払ってでも相談する。これこそ、起業で成功する近道なのです。

ポイント

起業の相談は成功している人に聞く

6

食える人は「一人の厳選したメンターから学ぶ」

食えない人は「複数のメンターから学ぶ」

セミナー後の懇親会で、こんなことを言う参加者がいました。

「松尾さんのお話、大変参考になりました。私にはメンターと呼べる人が5人いるのですが、松尾さんも私のメンターの1人になってください」

おそらく彼は、「メンターになってほしいくらい今日のセミナーの内容はよかった」と言いたかったのだと思いますが、「メンターが5人いる」という発言は少し余計でした。

講師である私の立場からすれば、「他にメンターが5人もいるなら、自分のところにこなくてもいいじゃないか」というのが本音です。

それよりも「松尾さんから学びたい」と言ってくれた人のほうに肩入れし、全力でサポートしたくなります。それが人として当然の心理だと思います。

結局、5人のメンターをもつ彼は、しばらくすると私の元には顔を出さなくなりました。

学びに関していえば、八方美人は損です。**成功する起業家は、1人の厳選したメンターから学ぼうとします。**

そして、その人のセミナーに参加したり、本を読んだりして徹底的にその人の思考や行動を学び、真似をする。成功している人の思考や行動をすべて真似すれば、理屈上は同じ結果が出るはずです。

あるハリウッドスターは、俳優として大成した要因として、徹底的に真似をしたことをあげています。

彼が駆け出しのころ、当時大スターだった先輩俳優の一挙手一投足を観察し、完璧にコピーしたといいます。立ち方、歩き方、座り方、たばこの吸い方、声の出し方など、立ち居振る舞いすべてを真似したのです。その結果、新人時代から威風堂々とした演技ができ、スターの地位を確立したそうです。

真似をすれば、その相手を追い越すのは難しくても、相手に近いレベルまでは、一気に自分の実力を引き上げることができます。

また、「あなたのすべてを学びたい」と言うほうが、メンターも「この人を全力で応援しよう」と思うはずです。

「この人からはこれ以上学ぶことがない」というレベルに達してから、ほかのメンターを探す。そのほうが、早い段階で起業家として一人前になることができるのです。

ポイント

成功者を徹底的に真似する

第 5 章

起業して食える人の「働き方」

1

食える人は「仕事のオンとオフを区別しない」
食えない人は「オフには仕事のスイッチを切る」

成功する起業家は、仕事のオンとオフを明確に区別しません。もちろん、365日仕事をし続けるわけではなく休みもとりますが、**休日でも仕事のスイッチを完全にオフにすることはありません。**パソコンでいえば、「スリープ状態」にしているイメージです。すぐに起動できます。

ある塾講師の男性が、ジャニーズの人気タレントが司会を務めるテレビ番組にゲスト出演したことがあります。

その際、彼独自の教育ノウハウを披露したところ、放送が深夜だったにもかかわらず、すぐに4つの出版社から問い合わせがあり、複数の出版社で本を執筆することが決まったそうです。

仕事から帰って家でテレビを見ている時間でも、出版社のやる気のある編集者は「面白い企画（人）はないかな」とアンテナを張っているのです。

また、編集者のなかには、土日も関係ないという人が多いようです。ある編集者は福岡県からセミナーに参加していた著者候補の人物に、「帰る前に一度面談をしましょう」と言って、翌日の土曜日の午前中に打ち合わせをセッティングしていました。

「福岡から東京にまた来るのは大変ですし、少しでも早くコンタクトしたいから」という理由でした。

休日に関係なく仕事の打ち合わせを入れるというのは、サラリーマン体質の人にはなかなかできないことです。

複数の会社を経営しているある実業家は、24時間臨戦態勢。お酒を飲めないわけではないのに、私と一緒に会食をするときはお酒を飲まずに、いつもソフトドリンクを飲んでいます。

彼曰く、「クライアントから呼び出されたり、何かトラブルがあったりしたときに、すぐに駆けつけて対応できるようにしている」とのこと。

ここまでするのは少し極端だと思うかもしれませんが、成功している起業家というのは、簡単にはスイッチをオフにしないのです。

ある売れっ子コンサルタントは、休日でもメールはすぐに返すのがモットーだと言います。クライアントである経営者は、金払いがいい分、わがままな部分もある。だから、クライアントのメールには、すぐに返信するそうです。

休日に家族と出かけているときでもｉＰａｄを携帯し、「ちょっと仕事のメールをさせて」と言って2~3分ほどで返す。

確認が必要で、すぐに対応できない内容のメールであっても、「今、事情があり、すぐにご返事はできませんが、月曜日までに調べてメールします」などと返し、ほったらかしにはしないそうです。

会社員でも、仕事ができる人は土日でも会社のメールを見られるようにし、必要に応じて返信をする人が多いと思います。そういう人は、起業に向いていますが、「休日は完全オフの日」と決めて、メールを一切チェックしないサラリーマン体質の人は、起業しても苦戦することになるかもしれません。

ワーク・ライフ・バランスという言葉が流行りましたが、これはサラリーマンにしか当てはまらないと考えています。もちろん仕事と生活を調和させて、幸せな人生を送っている人もいるはずですが、成功している起業家で「ワーク・ライフ・バランスを実践している」と公言する人に会ったことがありません。

というよりも、**成功している起業家は、当たり前のように仕事をバリバリこなすと同時に、家族やプライベートの時間も大事にしているもの**です。

私の知り合いの起業家は、早くに結婚し、子どもがいる人が多い。しかし、仕事もバリバリやっているし、飲み会にも気軽に参加して楽しそうにしています。親しくなってから「○○さん、もう高校生の子どもがいるのか！」と驚くことも少なくありません。

「私はイクメンですから」「仕事とプライベートは分けていますから」と主張する人ほど、意外と仕事もプライベートも中途半端になっているケースは多いのです。

ポイント

休み中でもすぐ起動できる「スリープ状態」を保つ

2

食える人は「批判される自分のことを喜ぶ」
食えない人は「他人の仕事を批判する」

仕事がうまくいかない人は、他人の仕事を批判しがちです。人を下げることによって、自分を上げようとします。

サラリーマンは限られたなかでのイス取りゲームなので、他人の評価が下がれば、棚からぼたもちで自分の評価が上がることは考えられます。

しかし、起業で成功する人は、そんなことをしても1円のトクにもならないと知っています。たとえ他人の評価が下がっても、自分の収入が上がることはありません。したがって、他人を批判するのはムダだと考えるのです。

それどころか、うまくいく人は批判される自分のことを喜びます。

なぜなら、**批判されるということは、嫉妬されるくらい「抜きん出ている」「注目されている」証拠**だからです。

本を出版すると、ネット書店の「アマゾン」に読者レビューが書き込まれます。売れている本には、たくさんのレビューがつきます。そのなかには星4つ、星5つといった高い評価もあれば、星1つ、星2つといった低評価もあります。

高評価だけでなく低評価の星もつくのは、本がたくさんの人に読まれているからであり、中身もしっかり読んでもらえている証拠といえます。そうでなければ、高評価から低評価までまんべんなく星がつくわけがありません。

一方で、売れていない本には、数人の星5つの評価だけが書きこまれます。評価だけ見れば高いのですが、内容的にはそれほどインパクトがなかったのかもしれません。また、現実には読んでいる人が少ない証拠でもあり、高評価のほとんどは友人などの関係者ばかりだったりすることも少なからずあるのです。

本にかぎらず、ヒット商品には、肯定意見だけでなく、否定意見も必ず出てきます。つまり、商品・サービスは批判が出るくらいになって、はじめて売れているといえるのです。

私のクライアントにも、批判されるほど突き抜けて成功している人がいます。

彼は、農家の三代目だったのですが、これまでの常識を破ったことで、まわりの農家から当初、バッシングを受けました。

これまでの農家はＪＡ（農協）に収穫した米や野菜を買い取ってもらい、ＪＡが小売店に卸すのが普通でした。だから、価格も自分で決められず、豊作になれば安く買いたたかれ、売れ残った収穫物はトラクターで踏みつぶして処分することすらありました。製造業では当たり前の生産調整も、ろくにできない世界だったのです。

しかし、実家を出て、農業法人で「ビジネスとしての農業」を学んだ彼は、こうした農業のあり方に疑問を抱きます。


「農家はつくるのは得意だけれど、売り方を知らない。どこにお客様がいるか知らないままに農家は米や野菜をつくっているから儲からないのではないか」

そこで、農業法人を離れ、実家のスイカ畑を継いだ彼は、ＪＡに売るだけではなく、直販やインターネットでスイカを売るという戦略に舵を切りました。

最初、まわりの農家からは、「ＪＡを通さないなんて許せない」「直接売るなんてできっこない！」などと批判的な目で見られていたそうです。ところが、彼は見事に直販でお客様を獲得、「行列ができるスイカ農家」と呼ばれるようになりました。現在では家業を大きくする一方で、そうした農業ビジネスのノウハウを活かし、コンサルタントとして他の農家の指導もしています。

成功する起業家は、批判を受けたあとの態度も違います。一般的な人は、批判されたら落ち込みます。しかし、成功する人は批判を「改善点を教えてもらった」と前向きにとらえるのです。

最近は、クレーム買取会社という業態もあるそうです。特定の商品やサービスについての不満やクレームを消費者から集めて、そのクレームを商品やサービスを提供している会社に買い取ってもらうというビジネス。苦情や不満を改善すれば顧客満足を向上させられるので、積極的にクレームや不満を買い取る企業があるのです。

そうしたビジネスが成り立つのは、一流の成長企業は批判を改善点ととらえているからでしょう。**個人でも批判されたら、「成長のチャンスをもらった」と喜ぶ**くらいの人が起業で成功します。

ポイント

批判されるのは「抜きん出ている」証拠

3

食える人は「仕事の本質を意識して120点を目指す」
食えない人は「与えられた仕事を無難にこなす」

成功しない人は、無難に仕事をこなして満足します。100点どころか、80点の仕事でも「これくらいで十分だろう」と満足してしまいます。

一方、起業で成功する人は、「80点の仕事では次がない」ことを知っています。最低でも100点の仕事をしなければならないと、自分にハードルを課しています。

しかし実際には、こちらが100点の仕事をしたつもりでも、仕事を頼んだ相手の基準では80点に過ぎないことはよくあります。

だからこそ、**本当に起業で成功する人は120点の仕事を目指します。そこまでやって、はじめて相手は100点と認めてくれる**と思っておいたほうがいいでしょう。

では、120点の仕事とは何か？

喫茶店のウエイターを例に説明しましょう。

お客様に「お水のおかわりをください」と言われたとき、頼まれたことを忘れてしまうウエイターは当然、0点です。しばらくしてからお水をもってくるのは60点。すぐにもってくるのは100点です。

そして、声をかけられる前にコップの水がないことに気づき、水をもっていくのが110点。汗をかいているお客様が一気に1杯目の水を飲み干したのを見て「このお客様は喉が渇いているから」と判断し、水がたっぷり入ったピッチャーを丸ごとテーブルにもっていくのが120点。そんなイメージです。

私のセミナーでは、卒業生がボランティアスタッフとして当日の運営を手伝ってくれることがあります。

たとえば、私が「今日のセミナー参加者は8名です」と伝えると、120点の仕事をする人は、会場にもともと並んでいた机とイスの一部を会場の端に寄せて、使用する机とイスの数を減らしてセッティングします。

もともと50名収容できる会場なので、全部の机とイスを並べてしまうと席がスカスカに見えます。それでは、「流行っていないセミナー」という印象を与えてしまいます。しかし、机とイスを減らしてゆったりとした配置にすれば、逆に「贅沢な空間」という印象になるのです。

80点の仕事で満足してしまう人は、「参加者は８名」と聞いても、机やイスをすべてそのままにしてセッティングしてしまいます。

また、通常、セミナーでは参加者に資料やチラシを配付するのですが、１２０点の仕事をする人は、こんな質問をしてから作業にとりかかります。

「今日の配付資料のなかで、いちばん重要なのはどれですか？」

たいていは本講座の案内チラシだったりするのですが、それを確認したうえで、そのチラシを一番上にして配付するのです。一番上の資料は、セミナー参加者の目につきやすく、待ち時間などに読まれやすいからです。

こうした気配りは、経営者目線でなければできませんし、「仕事の本質がなんであるか」をよく理解している証拠でもあります。**実際１２０点の仕事ができる人は、起業家予備軍のなかでも3割くらい**という感覚ですが、こういう人が成功していくのだと思います。

現在は会社員であっても、120点を目指して日々仕事をしている人は、上司からコピーを頼まれたときもひと味違う行動をします。

通常は、言われたとおりにそのままコピーをします。これでは80点の仕事でしょう。一方、120点の仕事をする人は、「何に使うのですか?」と上司に確認してからコピーをとります。

「上得意のお客様に渡す資料」ということであれば、「表紙をつけて製本したほうがいいか」を確認してからコピーをとる。会議に使うにしても、ステープラー(ホチキス)でとめたほうがいいのか、クリップのほうがいいのか、あるいはクリアファイルに入れるのか、さらには予備も必要か、など目的によって確認することはほかにもあります。

上司からすれば、かゆいところに手が届く部下という評価になり、頼りにされるでしょう。

ポイント

120点の仕事をしてはじめて100点

4
食える人は「労働そのものには価値を感じない」
食えない人は「労働自体を美徳とする」

日本の企業も実力主義になってきたとはいえ、いまだにサラリーマンは無遅刻、無欠勤のまじめな人が評価される傾向にあります。したがって、どれだけ長い時間、会社で作業をしたかに価値が置かれ、労働そのものが美徳とされます。だから、「残業をする人が偉い」という変な価値観が生まれてしまうのです。

起業の世界は正反対です。

起業家は結果が出ないと1円にもなりません。事務所に待機しているだけでは、すぐに事業は立ち行かなくなってしまいます。

しかし逆に言えば、たとえプロセスを吹っ飛ばしてでも結果さえ出せば、ビジネスはうまくまわります。

だからこそ、成功している起業家ほど、労働そのものには価値を置きません。むしろ、**「どうやったら働かずに稼げるか」を考えます。**

起業家というと、年中無休で働いているというイメージがあるかもしれません。もちろんハードワークが求められる局面もありますが、何年、年十年も馬車馬のように働いていたら、体を壊してしまいますし、人として幸せとは言えません。

かつて洗濯機が発売された当初、「そんなラクすることばかり考えていたら、家事は務まりません」と言って、洗濯機を買うことを拒んだ主婦がいたと聞いたことがあります。

彼女たちにとって、時間をかけて洗濯板を使ってゴシゴシと洗うことが美徳だったのでしょう。

しかし、洗濯機を使えば、家事の時間を大幅に削減できるので、その分おいしい料理をつくる時間に充てることができるし、場合によっては空いた時間に外で働くことも可能になります。先進的な主婦は、洗濯機を進んで買って、新たな価値を生み出すことに成功したのです。

起業家も同じ。成功している起業家は、できるだけ労働することなく価値を生み出す方法を追求します。

私自身、人と会う約束がない日は、10時に出社し、18時には帰宅するという生活を送っています。同じような仕事をしている起業家と比べても、実働時間は短いほうだと言えるでしょう。

それでも食べていけるのは、セミナーや各種スクール事業、出版の印税といった効率的にお金を稼ぐ仕組みをつくったからです。

会社員でも労働そのものではなく、稼ぎや効率に価値を置くことで起業家体質を身につけることができます。

ポイント

「いかに働かずに稼ぐか」を考える

5

食える人は「自分はまだまだと考える」
食えない人は「頑張っている自分をアピールする」

サラリーマンの世界では、一般的に他の社員との比較で評価が決まります。小さな会社であれば個人の貢献度は見えやすいですが、組織が大きければ大きいほど一人ひとりの貢献度が見えにくく、評価があいまいになります。

そうした環境の下では、成果を出さなくても直属の上司に好かれていれば評価や給料が上がり、反対に成果を出していても直属の上司に嫌われてしまえば低評価に甘んじなければならない、という現象が起きます。

だから、サラリーマンは「自分は頑張っています」とアピールすることも時には必要でしょう。成果よりも、努力に重きを置くことも大切なのです。残業に精を出す理由のひとつもそこにあります。

しかし、そんな体質を引きずったまま起業すると苦戦することになります。一方、**成功する起業家は、「自分はまだまだ」という姿勢で仕事をします。**

頑張っている姿を見せても、お金が入ってくるわけではないからです。常に成果を求めて、自分が定めた高い基準をクリアしようと努力しています。

弊社のビジネス著者スクールでは、オーディションの前日の講座で卒業プレゼンの練習をするのですが、起業家として成功している人ほど、ギリギリまで高い質のプレゼンをしようと準備に打ち込みます。

私の目から見ても、相当に高いレベルなのにもかかわらず、「まだまだ足りない」と言いながら、夜中の1時、2時まで会場で最後の微調整をするのです。

そういう人は、やはりプレゼンの質も迫力も、一歩抜きん出ています。他の参加者よりも多くの出版社から声がかかるのは言うまでもありません。

一方で、起業してうまくいっていない人や、出版社の手があまり挙がらない人は、前日の準備でも「このくらいでOKです」と言って、早々に切り上げていきます。

目指している「基準」の違いが、結果で大きな差を生むのです。

ベストセラーを連発している編集者の多くは、「まだまだ」と言いながら最後まで真摯に原稿に向き合います。

ある編集者は、原稿を印刷所にまわさなければならないギリギリの段階になって、「松尾さん、すみません。『まえがき』の内容に満足できないので、書き直してくれませんか」と頼んできたことがあります。

彼がより売れる本にしようと最後まで粘ってくれていることはわかっていたので、私も快諾し、休日返上で書き直しました。

フェイスブックなどのSNSを見ていると、「早朝から朝活に行ってきました！」「2日連続で徹夜仕事です」などと書き込んでいる起業家やその予備軍の人がいます。しかし、そのような**努力をアピールすることに価値はありません。**成功している起業家こそ、「自分はまだまだ」と言いながら、粛々と仕事を進めているものなのです。

ポイント

高い基準を自らに課す

6

食える人は「アイデアを売ろうと考える」

食えない人は「仕入れてモノを売ろうと考える」

起業で成功する人と、成功しない人を分ける大きな要因のひとつに「売上ではなく利益で見られるかどうか」があります。

極端な話、１００万円で仕入れたものを90万円で売ることは誰でもできます。当然ながら利益は出ず、マイナスになってしまいます。

しかし、10万円で仕入れたものを１００万円で売ることができれば、90万円の利益を得られます。高い利益を上げられるほうが儲けは大きくなりますし、ビジネスも安定します。

いかに「利益率を上げられるか」が、起業家の腕の見せどころなのです。

東京・青山の一等地で高級フランス料理店を開くのと、都心から電車で1時間かかる郊外でたこ焼き屋をオープンさせる。さて、あなたが起業家ならどちらを選びますか？

イメージ的にかっこいいのはフランス料理店でしょう。料理や接客が評判を呼べば場所柄、集客には苦労しないでしょうし、客単価も高そうです。

しかし、（実際に儲かるかどうかは別にして）成功する起業家は、フランス料理店よりもたこ焼き屋を選択します。

なぜなら、青山に店舗を借りれば賃貸料はバカになりませんし、高級食材を使うので、料理の原価も高くつきます。当然、人件費だってかかります。このような条件で稼ぎ続けるのは簡単ではありません。

一方、たこ焼き屋は、郊外ですから店舗の賃貸料は安い。土地をもっていれば、その一角に店を設けてもいいでしょう。何よりも魅力なのは、原料が粉もの（小麦粉）なので、原価を安く抑えられます。

原価が安くてもお客様が集まらなければ話になりませんが、利益率の面で見れば、かなり有利です。売れれば売れるほど利益も大きくなります。

成功する起業家は、**なるべく原価のかからない条件でビジネスをしようとします。**

たとえば、私のような講師業も原価を低く抑えられるビジネスです。極端なことを言えば、身ひとつでできるので、ほとんどが利益になるビジネスモデルです。

私の場合、埼玉県の事務所のほかに、西新宿にセミナールームを借りています。埼玉でセミナーをやるといっても、お客様は全国から来てくれないので、アクセスのよい新宿をセミナーの拠点としているのです。

新宿に借りているセミナールームは、普通に借りたら月額200万円はします。しかし、毎日セミナーを開いているわけではなく、実質稼働するのは月に5、6日。そこでオーナーと交渉して、月30万円で優先的に必要な日だけ使えるという条件で借りました。私たちがセミナーで使っていない日は、他の企業や団体に貸してもかまわないという契約です。

つまり、西新宿という一等地にセミナールームを構えながら、原価となるオフィス賃貸料をできるだけ抑える工夫をしているのです。

原価を抑えることで、ビジネスは大きく飛躍させることができます。「シャッターを下ろした、あるラーメン屋が実は大儲けしている」と話題になったことがあります。

店舗は閉めたけれど、実はこの店の名物だった餃子を冷凍にしてインターネット通販で売っていたのです。餃子の通販に絞ることで、原料費や人件費を抑えられるので、本業よりも儲かり、ラーメン店を営業する必要がなくなったというわけです。

そのほか、弁護士や税理士、コンサルタントといった仕事も、知識を売る商売で、原価のかからないビジネスです。

また、ある予備校では、動画による授業が充実しているそうです。人気講師の授業をDVDで見ながら、生徒各自が勉強をするという形態なので、いつでも気軽に人気講師の授業を受けられると好評だと聞きました。

起業家の視点から見れば、これも利益率の高い〝おいしい商売〟です。高い授業料をとりながらも、コンテンツはコピーして原価を抑えられるわけですから。

起業で成功したければ、原価のかからないアイデアや情報を売る、という発想が必要になります。

ポイント

売上ではなく、利益の大きさにこだわる

7

食える人は「躊躇なく仕事を他人にふる」
食えない人は「相手に悪いからと自分で仕事を抱える」

起業してもうまくいかない人は、自分一人で仕事を抱えがちです。

人の顔色をうかがって「忙しいところ本当に申し訳ないんだけど……」と恐縮して仕事を頼む。仕事をふれればまだマシなほうで、気が弱い人は相手に悪いからといって、自分で仕事をたくさん抱えこんでしまいます。

サラリーマン時代に部下に仕事をふれずに、何でも自分でやってしまうような人は、起業してもうまくいきません。

たしかに、自分でやったほうが早いし、仕事の質も高くなるかもしれませんが、起業をすればやることは山ほどあります。なんでもかんでも自分でやっていたら、いくら時間があっても足りません。

私のクライアントに青果店の卸売業を営んでいる人がいます。

彼は5、6人の従業員を雇っていたのですが、従業員ではなく、自分でトラックを運転して商品を小売店に配送していたのです。そのクライアントは、会うたびに「忙しい」と言っていたのですが、誰でもできる配送まで自分でしていたら、忙しいのは当たり前です。

「配送はスタッフに任せて、あなたは社長の仕事をしたほうがいい」とアドバイスをしたところ、早速彼は実行に移してくれました。

最初は社長が配送するときと比べて2倍の時間がかかっていましたが、徐々に従業員も仕事のコツをつかみ、安心して任せられるようになったそうです。

そして何より大きな収穫だったのは、彼が配送にかけていた時間を経営者としてやるべき仕事に振り分けられるようになったこと。その社長は、あとでこんな報告をしてくれました。

「従業員に仕事を任せるようになってから、新規営業に充てる時間ができ、取引先が増えました」

成功する起業家は、ためらうことなく仕事をふります。頼み方は真摯に。一方で「キミがやるのは当然だよね」といった涼しい顔で頼む。むしろ「この仕事はすごく勉強になるから」「この仕事を任せてもらえるなんて、ラッキーだよね」という言い方をします。

他の人に仕事を頼めれば、自分の時間をより重要な仕事に使うことができ、仕事にレバレッジをかけることができます。

お恥ずかしい話ですが、私はいまだにパワーポイントを使いこなすことができません。だから、セミナーでパワーポイントの資料が必要なときは、パワーポイントを使いこなせるスタッフに頼んでいます。

パワーポイントによる資料づくりを誰かに任せることで、私は新しいビジネスアイデアを練ったり、仕事につながる人間関係づくりに専念したり、私にしかできない仕事に集中できます。

起業をしたら、**自分にしかできない仕事以外は外にふっていくことが大切**です。社員がいないなら、アウトソーシングするのも一手。

私の会社にはホームページ制作事業部があります。セミナーには起業をしてホームページを立ち上げたいという人が多く、そうしたニーズの受け皿となっています。

しかし、私も含めて社員は誰もホームページをつくる知識もスキルももっていません。ホームページ事業部は、ホームページ制作やウェブマーケティングを専門としているビジネスパートナーと業務提携しているのです。

いくらお客様のニーズだからといってホームページの作成を自分で引き受けていたら、他の業務がおろそかになってしまいます。

ポイント
自分にしかできない仕事に専念する

第6章

起業して食える人の「人との関わり方」

1

食える人は「2割から支持されればいい」

食えない人は「他人から嫌われることを恐れる」

サラリーマンの場合、一種の「村社会」なので、会社の人から嫌われることは致命傷になりかねません。

自分を直接評価する上司に嫌われれば憂き目にあいますし、同僚や部下から疎まれれば仕事をうまくまわせません。

女性社員に嫌われることも立場を悪くします。ある起業家はサラリーマン時代、お局様の女性社員に嫌われたことで、電話を取り次いでもらえなくなったとか。

そういう意味では、**サラリーマンは八方美人でいることが有効な処世術となります。**

一方、起業家は全員に好かれる必要はありません。〝お金を払ってくれる〟お客様に好かれれば十分なのです。また、クレームばかりつけてくるような方とは付き合ってはいけません。

2割のお客様で売上の8割を稼ぐという「パレートの法則」は、起業家についても当てはまるのです。

ある経営コンサルタントは、業界のなかでも顧問料が高いことで知られています。しかも、2時間の面談をして、相手のビジネスや経営者の考え方、価値観に共感できない場合は断るそうです。

それでもなお、「コンサルティングをしてほしい」という経営者が絶えないのは、彼が優秀であるだけでなく、お客様を選んでいるからです。選ばれた側は、「あの客を選ぶことで有名な経営コンサルタントが引き受けてくれた」ということで感激します。そして、「私も選ばれたい」と思う経営者が殺到する。そんなしくみになっているのです。

起業家として成功したいなら、**誰からも好かれようという発想は捨ててください。**2割のお客様に好かれることで、逆に売上は大きくアップするはずです。

ポイント

お客様をあえて選ぶ

2

食える人は「『ひいきは当たり前』と思っている」
食えない人は「『ひいきはいけない』と思っている」

日本では子供のころ学校で、「えこひいきはいけない」と教えられます。だから大人になって、会社でも「ひいきはいけないもの」と思って働いているサラリーマンは少なくありません。だから、上司には平等に扱ってほしいと願っているし、お客様も平等に扱おうと努力します。

「えこひいきはいけない」というのは、道徳的には正しいのかもしれませんが、起業家の立場からいえばナンセンスでしかありません。えこひいきをしなければ、稼ぐことはできないのです。

前項でもお伝えしましたが、「2割のお客様で売上の8割を稼ぐ」といわれるように、売上のほとんどは常連客や高額を支払ってくれる上客からもたらされます。したがって、そうしたお客様を企業は大事にするのです。

たとえば、高級レストランやホテルでは、建前では満席や満室となっていても、上客が予約なしで突然やってきたら、「少々お待ちください」と言って席や部屋に通すことがあります。つまり、上客を大事にしているレストランやホテルは、彼らのためにもともと席や部屋を空けているのです。

弊社のセミナー後に行う懇親会は毎回、新宿のあるホテルに入っている居酒屋を会場にしています。セミナーの懇親会ともなると、毎回20〜30人の参加者がいます。それも月に何回も利用しているので、年間５００万円は使っている計算になります。

だから、そのお店からすれば、弊社は上客という位置づけになります。どんなに混雑していても優先して席をとってくれますし、来店すれば店長をはじめスタッフが笑顔で出迎えてくれます。

驚いたことに、こんなこともありました。

私が痛風を気にしていた時期に、家でプリン体と糖質ゼロの、ある発泡酒を飲んでいました。

その居酒屋に行ったときに、「○○という発泡酒はありますか？」と聞くと、「少々お待ちください」と言って、店員が近くのコンビニでその発泡酒を買ってきてくれました。メニューにない商品だったのに、特別待遇してくれたのです。

そして次回、その居酒屋を訪れると、なんとメニューに「そのお酒」が載っているではありませんか！

通常、居酒屋の飲料は、契約しているメーカーのものしか置かないのが業界の慣例なのですが、そのルールを破るというリスクをおかしてまでメニューに載せてくれたのです。

ここまでえこひいきされたら、客である私もこれまで以上にお店を利用したくなります。懇親会で使うのはもちろん、知り合いにも「新宿なら、この居酒屋がいいですよ」と積極的に宣伝しています。

これは特別な例ではなく、あらゆるビジネスで当たり前に行われています。

私もお金を多く使ってくれるお客様は、どうしてもえこひいきをしてしまいます。

以前、セミナーに初めて参加したお客様から、「ここに並んでいる本をすべてください」と言われて驚いたことがあります。

セミナーや講演会をするときには、私の著作すべてを会場に並べて販売しているのですが、彼はそのとき並べていた20冊すべてを1冊ずつ購入したいと言ったのです。著者としてはうれしいですし、一発で彼の顔を覚えてしまいました。

後日、どうして20冊も買ってくれたのかを聞きました。すると彼は、こう素直に答えてくれました。

「すべての本を買えばインパクトがあるので、松尾さんに顔と名前を覚えてもらえるし、もしかしたら何か特別待遇をしてもらえるかなという計算もありました。20冊買っても3万円程度ですし」

これを聞いたとき、私はこの人は起業家として成功するに違いないと確信しました。えこひいきしてもらえるように行動するのも、起業家には大切なことです。

ポイント

ひいきすると見返りが必ずある

3

食える人は「名刺がお金に換わると知っている」

食えない人は「名刺は単なる紙だと思っている」

私は自分でセミナーを主催するだけなく、他のセミナー会社や企業から講師の依頼を受けることがあります。

そうした場でお会いする受講者のみなさんのほとんどは初対面ということもあり、講演後には多くの人と名刺交換をすることになります。

しかし、**せっかく名刺交換をしても、後日メールをくれるのは1割程度**です。一度に多くの人と名刺交換をする私の立場からすれば、ほとんど挨拶を交わす程度で、どんな人とどんな話をしたかはあまり覚えていません。だから、相手から連絡をいただかなければ、自然と縁は切れてしまいます。

しかし、「昨日の講演会でご挨拶させていただいた○○です。××という会社でこんな仕事をしています……。名刺交換の際にこんなお話をしました」と連絡をもらえれば、顔もぼんやりと思い出しますし、そこから縁がつながることもあります。

先日、あるセミナー会社で講演をした日の夕方、名刺交換をしたラジオ局の営業マンからメールをいただきました。

メールを読んだあと、名刺交換の際に「ラジオ番組のスポンサーを獲得する仕事をしている。ラジオでは20秒2万5000円でCMを打てる」という話を聞いたことを思い出し、あるアイデアが浮かびました。

私のクライアントのなかにはメディアで会社や著作を取り上げてもらいたいと考えている人がたくさんいるので、彼らにラジオ番組でCMを打つことを提案できれば喜んでもらえるのではないか。

そんなアイデアを思いついた私は、早速、メールをくれたラジオ局の営業マンと会うことにして、実現へと動き出しました。これが決まれば、両者にとってウィンウィンの取引になるでしょう。

ラジオ局の営業マンの立場から見れば1枚の名刺をビジネスチャンスにつなげたといえ

ます。

成功する起業家もまた、名刺がお金に換わることを知っています。出会いを大切にし、いただいた名刺をビジネスにつなげる努力をします。

どんなビジネスも1枚の名刺から始まるのです。

私が処女作を出版してまもないころ、その本は増刷を重ねていたので、他の出版社から「次はうちから書いてください」と声がかかると期待していたのですが、一向に依頼はきません。単なる妄想になっていました。

そこで、先輩著者の出版パーティーに参加することになった私は、ある作戦を立てました。

その出版パーティーに編集者が何人か参加することは事前に知っていたので、ビジネス書を出している会社に狙いを定めて名刺交換をし、処女作を献本してまわりました。

そして、パーティーのあとに、名刺交換をした複数の編集者に新しい本の企画書を添付して、「○○さんのパーティーで献本させていただいた松尾です。ぜひ会っていただけませんか」とメールを送りました。

その結果、4冊の出版が立て続けに決まったのです。

名刺交換をして、「この人とはつながっておきたい！」と思ったら、すぐにメールを送って、次のアクションを起こすことが大切です。

「何かありましたら、よろしくお願いいたします」とメールに書く人がいますが、何かがあるパーセンテージは、最近の金利以下です。

「お酒が好きとお聞きしたので、一席いかがですか？　私は○月○日が空いています」「企画書を作成したので、見ていただけませんか？」など、**具体的なアクションを起こす。そうすることによって、縁がある人とは自然と関係が深まっていくもの**です。

あちらこちらに顔を出して、名刺交換ばかりしている「名刺コレクター」は、起業してもうまくいきません。「名刺をお金に換える」という意識をもつ人が、成功する起業家になれるのです。

ポイント

名刺交換をしたら次につながるアクションを起こす

4

食える人は「仕事に結びつかない飲み会には参加しない」
食えない人は「飲み会では仕事の話はしない」

最近では、上司と部下が一緒に飲みに行く「飲みニケーション」の機会はだいぶ減っているようです。上司も気をつかってか、「飲み会では仕事の話はしない」ことをモットーにしている人も少なくないとか。

たしかに、サラリーマンの世界ではコミュニケーションをとって、良好な人間関係を構築しておくことがチームの成果を大きく左右します。だから、部下の気持ちを思って「仕事の話をしない」という姿勢も有効だと思います。

しかし、稼ぐ起業家の世界は大きく違います。

仕事につながらない飲み会には基本的には参加しません。

「松尾さんは、いろいろな人と飲み会をしていて楽しそうですね」と言われることがあります。

仕事柄、経営者や編集者の知り合いが多いので、華やかに見えるようですが、9割以上の飲み会は仕事がらみです。**誤解を恐れずに言えば、ビジネスにつながるから一緒に飲んでいる**のです。

ある出版社の若い編集者から、お酒の席で「僕が今いる出版社を辞めても、これまでどおりに付き合ってくれますよね」と言われて、私はこう答えました。

「えっ⁉　○○さんは出世して役員になると思っているから、付き合っているんですよ（笑）」と。

彼は「松尾さんらしくていいですねぇ」と大爆笑していましたが、半分冗談、半分本気です。

もちろん、一緒に飲んでいるときは楽しいですし、ときには友人のように本音のトークもあります。

でも、あくまでも純粋な意味での友人ではありませんし、向こうも少なからず割り切って付き合ってくれているはずです。

私のセミナーにやってきた人に、「このあと懇親会に参加しませんか?」と誘ったところ、「すみません、今日は他の懇親会に顔を出すことになっていまして」とのこと。「では、来週の金曜日は?」と聞くと、その日も別の飲み会の予定がすでに入っているとのことでした。

よくよく聞いてみると、「起業したばかりなので、声をかけられたら、とりあえず参加している」と言います。スケジュール帳にはびっしりと飲み会や懇親会の予定が詰まっていました。

その後、彼は起業をあきらめて、サラリーマンに戻ったと風の便りで聞きました。おそらく彼は、「飲み会を仕事につなげる」という意識が薄かったのだと思います。

「とりあえずなんでも参加する」「とにかく人脈を増やしたい」という気持ちだけでいると、時間とお金ばかり浪費し、稼ぐことがおろそかになってしまいます。

ポイント

飲み会もビジネスと考える

5

食える人は「会社を辞めたら縁が切れると思う」

食えない人は「会社員時代の人脈をあてにする」

起業してすぐにつまずくケースとしてよく見られるのは、**会社員時代の人脈をあてにしていたけれど、いざ起業をすると期待外れに終わる**場合です。

特にトップ営業マンのようにお客様をたくさん抱えている人は勘違いしがちなので要注意です。「お客様といい関係を築いているから、起業しても付き合ってくれるだろう」という考えは甘いと言わざるを得ません。

お客様は、個人と付き合っているのではなく、あくまでも会社に属しているあなたと付き合っているのです。会社を辞めて肩書がなくなれば、一気に人は離れていきます。

私にも苦い経験があります。人材派遣会社に勤めていたときに、クライアント企業の人事部長とよく飲みに行っていました。人事部長は、「担当が松尾さんだから、あなたの会社と付き合っているんだよ」とよく言ってくれました。

だから、私が会社を辞めるとき、後任の後輩に「あの人事部長は手ごわいぞ。俺だからうまくやれていたけど」とうそぶいていたのですが、後輩を人事部長と引き合わせると、人事部長は後輩とばかりニコニコ話して、会社を辞める私とは目も合わせてくれなかったのです。

このとき、「この人は私ではなく、会社の看板と付き合ってくれていたのだ」と、ようやく理解しました。

ある起業家も同じような経験をしています。

彼は会社でも成績優秀で評価も高い営業マンでした。起業することを経営陣に話すと熱心に慰留されたそうです。それでも彼が固辞すると、「どうしても独立するなら仕方がない。ならば、独立してからもうちの仕事を請け負ってくれ」とまで言われたそうです。

彼は「元の会社から仕事をもらえるなら安心だ」と言葉どおりにとらえたのですが、いざ独立を果たすと、元の会社から仕事の依頼がくることはありませんでした。

彼は、会社を辞めたらそれまでの縁が切れてしまうことを身にしみて実感したそうです。

起業で成功する人は、会社員時代の人脈をあてにしません。**イチから自分で新しい人脈をつくるくらいの気持ちで独立**します。

あるいは、独立してからすぐに頼れる人脈を構築するために、会社員時代から外部の人と積極的に交流し、会社の肩書ではなく、「個人」の名前を売る努力をしているのです。

ポイント

会社員時代の人脈は通用しない

6

食える人は「礼儀正しく図々しい」

食えない人は「謙虚が第一」と心得る

どんなビジネスでも言えることですが、最低限の礼儀は大切です。

「挨拶ができない」「約束を守らない」「傲慢な振る舞いをする」といった礼儀を欠いた態度をしている人からはどんどん人が離れていき、ビジネスも行き詰まります。

しかし、**謙虚で礼儀正しいだけでも、やはり起業はうまくいきません。**

起業をすると、誰かに無理を承知で頼んだり、協力してもらったりしなければならない局面が出てきます。それを乗り越える必要があるのです。「仕事がほしい」「資金を貸してほしい」というとき、礼儀正しいだけでは相手も手を貸してくれません。

そこで必要になるのは、礼儀正しくも〝図々しい〟態度です。

たとえば、私が出版社の編集者と出版に向けて打ち合わせをしているとき、必ず「1万部は刷ってくれますよね」と図々しい要求をします。本の初版部数は多いほうがたくさんの読者の目に触れる可能性が高まりますし、印税の額も大きくなるからです。

出版社は余計に刷りすぎるとリスクを抱えることになるので、「はい、わかりました」と即答してくれることはまずありませんが、「1万部」とお願いしているので、3000部、4000部という選択肢はとりにくい。だから結局、6000部、7000部くらいで落ちつくことが多いのです。

当然、こうした図々しいお願いをするからには、普段の礼儀正しい態度が基本となります。

約束したことや期限はきちんと守りますし、原稿も自分がもっている知識と経験を全力投入します。礼儀正しさがなければ、単なる「図々しい人」になって、人もお金も離れていきます。

自分で言うのも複雑な気持ちですが、これまで大ベストセラーといえる著書がないにもかかわらず、22冊もの本を出版できたのは、ひとえに「礼儀正しさと図々しさ」のたまものだと自己分析しています。

「いつでも声をかけてください」と謙虚に待ちの姿勢でいるだけでも、「本、出してくださいよ！」と図々しく頼むだけでも、ここまで数多くの本を出版できなかったと思います。**謙虚で礼儀正しい態度で相手の懐に入っていき、交渉では図々しくお願いする。**そんな駆け引きができる人は、起業もうまくいきます。

会社員でも実績を上げる人は、礼儀正しく図々しい人が多いはずです。普段は謙虚で礼儀正しいから上司からの評価も高い。そんな人が企画会議などで、「この企画を通さないと会社のソンです！」と押し込んできたら、「○○くんがそこまで言うなら」と企画も通りやすくなります。

反対に、礼儀正しいだけの人、図々しいだけの人は、意見が通ることは少ないのではないでしょうか。

ポイント

謙虚なだけでも図々しいだけでも人は動かない

7

食える人は「半分もやってくれたら十分だと思う」

食えない人は「他人に完璧を求める」

ある飲み会で、起業3年目の人がこんな愚痴をこぼし始めました。

「最近、初めて社員を雇ったんですが、それが全然働いてくれないんです。自分の半分くらいしか……」

すると、今度は従業員を何人も雇っている起業家が、自分自身に言い聞かせるようにこんなことを言いました。

「社長より働く人はいないよね。自分の半分もやってくれたら十分だよ」

その彼もかつて、社員が自分の思い通りに動いてくれなくてイライラしていたそうです。

でも、ある日、そんなのは当たり前だと悟ったと言います。

なぜなら、自分より働いてくれたら、私が社長でいる意味はないし、そんな優秀な社員だったら、さっさと辞めて会社を興しているか、もっと大きな企業に転職しているはずだから、だと。

私もかつて雇っていた社員が思うように動いてくれなくて、困っていたことがあります。イライラした私は彼につらくあたってしまい、彼は私が言うことを一部無視するようになりました。

結局、彼はまもなく辞めていきましたが、私がその頃はまだ経営者の器ではなかったからだと、今振り返って反省しています。

ダメな社長のもとには、そのレベルの社員しか集まらない。これが現実なのです。

起業家は従業員やビジネスパートナー、協力会社など、他人に完璧を求めてはいけません。自分の半分もやってくれたら十分だと思うことが大切です。

ポイント

他人は自分と同じではない

8

食える人は「勉強会で人脈を得ようとする」
食えない人は「勉強会でノウハウを得ようとする」

お金は人が運んでくる。

当たり前に聞こえるかもしれませんが、この事実を忘れている起業家は少なくありません。

お金は天から降ってくるわけではなく、人を通じてもたらされます。どんな仕事も人との出会いから始まるのです。

起業したての人や起業家予備軍が陥りやすい間違いが、「ノウハウコレクター」になることです。さまざまなセミナーや勉強会に参加する行動力は感心しますが、知識やノウハウを学んだだけで満足してしまう人が少なくありません。

私のセミナーやスクールでは、懇親会もセットで開催することが通常です。懇親会を単なる飲み会ととらえている人もいますが、私はセミナーと懇親会はセットだと考えます。むしろ、セミナーよりも懇親会のほうが大事とさえ思っています。

セミナーで知識をインプットすることも大切ですが、懇親会で講師や主催者側と仲良くなって「仕事を一緒にやろう」と話がはずむこともあれば、参加者同士でお互いのビジネスを補完するような関係が生まれることもあります。懇親会で同じような立場や志の人と交流することによって前向きな刺激も受けます。

「いまどき飲み会なんて非効率だ」と言う人もいますが、飲みニケーションは人間関係を構築する場としていまだ価値があります。

だからこそ、「懇親会にこそビジネスのチャンスが転がっている」と私はよくアドバイスするのですが、なかには懇親会に出席せず、セミナーだけ受けて帰ってしまう人もいます。

「懇親会に出ませんか?」と声をかけたところ、「これから別のセミナーに参加するんです」と言って、そそくさと帰ってしまいました。

懇親会はビジネスにつながる人脈を効率的に構築できる機会でもあるのに、もったいない話です。

セミナーや懇親会の参加者のなかには、こんなことを言う人もいます。

「この料理の内容で参加費5000円は高くないですか？」

別にここで利益を出すつもりはありません。5000円の会費はほぼ実費です。

このような人は、懇親会の意義をわかっていないのでしょう。**懇親会の目的は人脈を築いたり、情報交換をしたりする場**なのです。

成功する起業家は、反対に「こんなに多くの人と人脈形成できるのに5000円は安い！」という発想をします。

うまくいかない起業家は、「木を見て森を見ず」という視野の狭さが災いしているケースが多くあるのです。

ポイント

懇親会にはビジネスチャンスが転がっている

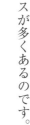

9

食える人は「他人のことを自分事としてとらえる」

食えない人は「他人に興味がない」

起業を目指している人たちと雑談をしていたら、当時世間を大きく騒がせていたタレントの不倫問題が話題になりました。

すると、そのなかの1人が「芸能人には興味ないんで……僕にとって彼女がどうなるかは問題ではないです」と言いました。

このとき、私はこの人は起業するとあとが厳しいかもしれないな、と思いました。

起業で成功する人は、他人や世間で話題になっていることを「自分事」としてとらえる傾向があります。

たとえば、タレントの不倫問題であれば、こんな考えを巡らせます。

「不倫の結果、女性のほうは仕事をすべて失うほどのダメージを負った。なのに男性タレントのほうは仕事上のダメージはほぼなかった。男性と女性では違うのかもしれない。それに、本人のキャラクターの設定も、ビジネスの世界ではとても大きな影響をもつ。自分の場合は、この教訓をどう生かしたらよいだろうか」

「最初にすべて認めていれば、それほど大騒ぎにならなかったかもしれない。間違いをおかしたときは、すぐに謝って正直にすべて情報を出したほうがいいのだろう」

このように**他人のトラブルも「明日は我が身」とばかりに、自分事として考える**のです。そうした思考を積み重ねることによって、トラブル時の対応力やビジネスのアイデアは磨かれていきます。

また、他人や世間に興味がなく、自分事で考えられない人は、起業しても苦労する結果となります。

なぜなら、人は自分に興味をもってくれる人を好きになるという心理法則があるからです。初対面の人に、相手の話ばかりされて、自分の話を聞いてもらえなかったら、その人とまた会いたいとは思わないはずです。

保険のトップセールスマンを経て独立した起業家は、相手本人だけではなく、その家族にまで興味をもつことが商品を売る秘訣だと言います。

「お子さんはおいくつになるんですか？」「この間、奥様の趣味はフラダンスとおっしゃっていましたが、ハワイにもよく行かれるんですか？」と関心をもって質問すると、相手は営業マンに親近感を抱きます。

同時に、家族の情報を聞き出せれば「学資保険のニーズがあるかもしれない」「決裁権は奥様が握っているのかも」といったセールスに有効な情報も得ることが可能です。

起業で成功している人は、**世間や他人に興味をもつ。それによって、ただの「他人」が「お客様」へと変わる**のです。

ポイント

他人に興味をもてばチャンスが広がる

10

食える人は「『変わっている』と言われて喜ぶ」

食えない人は「周囲から『普通』と言われて安心する」

起業に向いているかどうかは、複数の人でカフェやランチに行くとわかります。

「和を以《もっ》て貴《たっと》しとなす」と言われるように、一般的な日本人はまわりの人に合わせた行動をとります。最初に誰かがアイスコーヒーを注文すると、そのあとの人もみんな「私もアイスコーヒーで」と同じものを注文しがちです。

ところが、同席している3人がアイスコーヒーを注文したのに、1人だけ「クリームソーダ」など一風変わったメニューを注文する人がいます。

そういう変わり者は、起業してもうまくいく可能性があります。

起業で成功するには目立ってなんぼ。お客様がホームページの制作を頼みたいときに、「そうだ、ホームページのことなら○○さんにお願いしよう」と思い出してもらう必要があります。

他人と同じことをしていても、お客様から思い出してもらえません。人と違うことをしてはじめて、独自性が生まれます。したがって、「変わっている」と言われることは起業家にとっては、褒め言葉なのです。

私のクライアントのある弁護士は、当時最年少で司法試験に合格し、現在では弁護士法人事務所を経営する起業家でもあります。バリバリのやり手という印象です。その半面、少し変わっているところもあります。

彼の趣味はマラソンなのですが、仮装やコスプレをしてフルマラソンのレースに参加することがあるのです。最近では、人気アニメのキャラクターであるピカチュウに扮したり、「ラッスンゴレライ」で一世を風靡《ふうび》した8・6秒バズーカーの赤い衣装を模した格好で参加したりしたそうです。

理由を聞くと、「目立つからみんなに注目されるし、子どもからは大人気で気分がいい」とのこと。

それでも仕事は抜群にできるし、ウィンウィンになるような提案をするビジネスセンスにも長けている。だから、「変わっている」ところがかえって魅力的に映り、この人とは長く付き合っていきたいという気持ちにさせられます。

変わり者であっても、仕事ができず、常識もなければ、まわりから人は離れていきますが、**仕事ができてコミュニケーション力もあれば、「変わっている」ことが強みになる**のです。

ポイント

目立つことでその他大勢と差別化できる

おわりに

すし詰めの満員電車に耐えて会社に行き、上司に怒鳴られ、部下のご機嫌をとり、クライアントにひたすら頭を下げる。ようやく自宅に帰宅できるのは深夜になってから。激務とストレスで毎日ヘトヘト。こんな働き方で、果たして幸せを感じることができるでしょうか？

私たちは、人生における時間の大半を仕事に費やしています。これは変えることのできない現実です。人生の大半を占める仕事が辛いということは、生きること自体が辛いのと同じではないでしょうか。

私は大学卒業後、人材サービス企業で営業マンとして働いていました。もともと人に頭を下げるのが苦手な性格。特に飛び込み訪問が嫌でイヤでたまりませんでした。ですが上司から指示があれば、やらねばなりません。見えないストレスと戦う毎日。体と心が悲鳴をあげていたことは、仕事を辞めてからわかりました。

しかし独立した今は違います。仕事が楽しいのです。仲間の起業家たちも「働くことにストレスを感じない」と口を揃えて言っています。

起業して仕事が軌道にのってくると、忙しい毎日が続きます。休みが思うように取れないことも多い。しかし、体は辛くても仕事自体を楽しむことができるから、それは心地よい疲労感となります。

サラリーマンのときとは違って、起業家の忙しさはストレスではなく、心地よい緊張感なのです。人間は自分の好きなことをするためなら頑張れる生き物だとつくづく思います。

そんな私は起業して13年目。もちろん最初から順風満帆だったわけではありません。むしろ「いつ会社が潰れるか?」と寝られない日々が長く続いたのが正直なところです。でもやめませんでした。あきらめなかったのです。

なぜなら起業は楽しいから。
自分で戦略を立て、自分で行動に移し、自分がその結果をすべて受けることができる。生きている醍醐味、働いている緊張感がサラリーマン時代とはまったく違うのです。
「起業はギャンブル」と言う人もいます。確かにそういった要素がないとは言いません。しかし「人生は一度きり」なのです。

最後に、本書をお読みいただき著者の私自身に興味をもたれた方が〝もし〟いらっしゃれば、遠慮なく連絡をください。アドレスは next@next-s.net です。フェイスブックも実名で登録しています。また東京の西新宿で定期開催しているこの書籍と同タイトルのセミナーにも、ぜひご参加ください。この本の読者様は特典として無料招待させていただきます（詳細は「ネクストサービス株式会社」のホームページでご確認ください）。

では、この本があなたの働き方の「CHANGE」のきっかけになることを祈りつつ、筆を置かせていただきます。

ネクストサービス株式会社　代表取締役　松尾昭仁

松尾昭仁（まつお　あきひと）
起業コンサルタント。出版プロデューサー。ネクストサービス株式会社代表取締役。父方の祖父は戦前、満州にて百貨店、自動車販売会社を経営。父は40年続く建設清掃会社の創業社長という起業家の家系に育つ。大学卒業後、業界大手の総合人材サービス企業を経て、コンサルタントとして独立。自身が企画し講師を務めるビジネスセミナーの参加者は延べ1万人を超え、その中から500名以上の各種講師、200名を超えるビジネス著者を世に送り出す。
著書は、『「その他大勢」から一瞬で抜け出す技術』（日本実業出版社）、『誰にでもできる「セミナー講師」になって稼ぐ法』（同文舘出版）、『コンサルタントになっていきなり年収650万円を稼ぐ法』（集英社）等多数。

1万人《まんにん》を見《み》てわかった 起業《きぎょう》して食《く》える人《ひと》・食《く》えない人《ひと》

2016年6月1日　初版発行
2017年12月20日　第5刷発行

著　者　松尾昭仁
発行者　吉田啓二

発行所　株式会社日本実業出版社　東京都新宿区市谷本村町3－29 〒162-0845
大阪市北区西天満6－8－1 〒530-0047
編集部 ☎03-3268-5651
営業部 ☎03-3268-5161　振　替　00170-1-25349
http://www.njg.co.jp/

印刷／壮光舎　製本／共栄社

ISBN 978-4-534-05391-6 Printed in JAPAN